나에게는 천 개의 서랍이 있다

실천시선 254

나에게는 천 개의 서랍이 있다

이은옥

실천문학사

차례

제1부

앵두 11
서사 12
스노우볼 13
그 여자 15
물 17
붉은 벽 18
나에게는 천 개의 서랍이 있다 19
결과 속 21
숨은그림찾기 22
단초 23
과도기, 우리는 26
투명한 중첩 또는 무거움 29
포크 30
울렁거리는 것들1 32

제2부

간극 37

제3부

검정개 43
몽상 45
골뱅이 집 46
거리의 무늬 47
석불石佛 48
나는 얼마나 불안한가 그리고 저,
눈 속 자작나무 또한 얼마나 불안한가 49
끝 51
목화밭 52
닭장집에서 54
동막 56
불안한 대화 57
경포 58
영화 59
마지막 집 60
낙천樂川 61

흔적 62
다시 섬강에서 63
강물 소리 65
꿈속의 책상 67
그들의 기억 68
간이역 69
청동 얼굴 70
액자는 있고 그림이 없는 71
일상의 미학 73
사월 74
걸어가는 개 75
삼국지를 보는 여자 77
음화 78

제4부

오랜만에, 아주 오랫동안 81
구상나무 83
옆집 뉴스에서 84
콜렉터 85
달 86
나리 87

파일넘버 19940508 88
회항 90
신 구운몽 92
매화 93
여행, 시차 속에서 94
앙코르와트에서 사롱 치마를 사지 못했다 96
국곡리 151번지에 사는 부친 98
경매 99
거미가 집을 짓는 동안 100
여섯 개의 시계가 있는 방 101
블랙홀 102
플라멩고 104
광화문에서 한강대교를 지나 상도동까지 105
배꽃 지다 106
소와 아이 107
접근 방식 109
한 통의 편지 110
어성전의 봄 111

해설 117
시인의 말 127

제1부

초극超克

수련거림과 두리번거림 사이에서 조롱을 사다

앵두

카스피해 인근 발칸반도 대지를 수놓았던 당신, 화물선을 타고 바다를 건너 이곳 캐슬 1602호에 도착한 당신, 지루한 여행을 끝내고 모자를 벗고 옷을 벗고 내장을 비우고 뼈를 꺼내는 당신, 붉은 즙을 짜내고 분열하는 당신, 태양의 향기에 침묵했던 당신, 앵무새가 유혹했던 당신, 몸속 깊숙이 스며든 당신의 오만한 단맛과 신맛, 광활한 산맥의 바람 소리를 칼질하는 삶, 오늘도 수많은 동료들과 몸을 섞고 수학 공식처럼 저울 위에서 땀 흘리는 당신, 어두운 병 속의 자유를 열고 향락에 빠져든 당신, 연인들과 첫 키스를 즐기며 고혹적인 알몸을 노출하는 당신,

서사

달리의 시계처럼 늘어진 엄마의 살을 손바닥에 올려놓고 때를 벗겼다 토끼들이 뛰놀던 숲속에는 노을이 지고 무화과는 더 이상 열리지 않는다 봄날, 꽃들이 피고 지고 햇살 속으로 세월이 먼지처럼 부유한다 머리털을 검은색으로 물들이고 연분홍 복사꽃잎 같던 열개의 손톱과 열개의 발톱, 이제 톱으로 썰어 내야 한다 살 냄새도 안 나는 칼날 같은 뼈, 크리스탈 잔처럼 옮겨 놓는다 햇살이 엑스레이처럼 지나간다 뼈만 현상되고 살은 인화가 된다 얼굴에는 작은 바람에도 흔들리는 연못의 물무늬처럼 주름이 퍼지고 즐겨 쓰던 러시아산 모피 모자는 슬픈 인화지로 남는다 당신과 가족관계에 있던 이름들이 빈칸을 남기면서 엄마의 걸음걸이는 방향을 잃고 말았다 입은 돌처럼 굳어지고 귀는 바다처럼 깊어져 해저에 사는 물고기들에게도 안부 없이 살아온 세월, 오늘은 뒷산에 두고 온 단풍나무는 잘 크고 있는지 자꾸만 되풀이해서 물어 온다

스노우볼

그녀의 아주 사적인 방에는 페르시아 상인들의 행렬이 시작되었다 어린왕자가 별을 청소하고 에펠탑이 눈보라 속에서 지구를 돈다 간간히 연인들이 키스를 하고 쥬라기 공원에서 티라미슈가 눈을 녹이고 있다 미시건호를 끼고 도는 시카고의 스카이라인이 은빛 눈으로 아득하다 빌딩 숲은 창문들마다 사연을 닫고 호수는 바람결대로 산맥처럼 얼어붙었다 샌디에이고 비치에서 돌고래가 하늘을 난다 뉴욕 자유의 여신상 머리 위에 함박눈이 내리고 시드니 오페라하우스가 바다에 떠 있다 필리핀 민다나오 섬 주민들이 채소를 갈고 경작을 시작하고 가우디 건축물이 늘어선 스페인 바르셀로나 카탈루냐 보케리아 시장으로 가는 길에서 달리가 머리에 꽃을 꼽고 츄파춥스 막대 사탕을 물고 있다 탱고 모자가 우울한 박자에 맞춰 물위에 떠 있다 김연경 씨가 아침을 깨우며 도스토예프스키 씨, 용서란 무엇인가요? 질문한다 이 세상에 단 한 명의 팔로우를 가진 그녀는 스노우볼 수집가다 여행지에서 가져다 놓은 스노우볼 숫자만큼 책들은 팔려 나갔다 단 한 명, 그녀의 팔로

우가 농구공만 한 스노우볼을 러시아에서 사 왔다 스노우볼은 흔들리지 않았고 이제 그녀의 방에는 눈이 내리지 않는다

그 여자

고향으로 가는 기차, 흘러가는 구름을 보며 상투적인 연애처럼 친근한 그 여자를 생각한다 긴 생머리에 나나 무스꾸리처럼 검은 테 안경을 쓴 여자, 경포바다에 취해 순정을 바친 여자, 운명의 발작이 일어날 때마다 접시만 한 목단꽃을 안고 떠나던 여자, 세상의 소리를 달팽이관에 채집하던 여자, 공무원 하던 그 여자, 삶의 사다리에 올라 은유를 말하고 정의를 말하던 여자, 진실만을 선서하며 오래된 나무 의자에 조약돌처럼 앉아 있던 여자, 저잣거리에서 스캔들이 풍문처럼 떠돌던 여자, 박사가 된 그 여자, 붉은 수수밭을 찾아 중국으로 떠난 여자, 전기현에게 저녁을 맡긴 여자, 조동진의 제비꽃을 사랑한 여자, 검은 수염의 조르주 무스타키 눈빛을 사랑한 여자, 돌아오지 않는 우편배달부를 기다리는 그 여자,

가끔씩 그쪽이 궁금해지는 시간이 켜켜이 쌓이면 그 여자의 일이 궁금해지면 그 도시로 갔다 지금 생각하면 바닷

가에서 태어나 수평선에 몸을 기대고 서 있던, 그 여자 쪽으로 해가 뜨고 지는 방향이 기울어져 있었던 때가, 파도가 왁자지껄하게 지나가던 때가 있었던 것 같아요 바늘귀에 오색 무지개를 꿰어 바람처럼 사라졌다가 구름처럼 나타난 그 여자, 바벨의 도서관을 짓고 변방에서 생의 한가운데를 휴식처럼 사는 여자, 트럼프가 당선되면 우리 모두 화성으로 가야 한다고 판서하는 그 여자,

물

안은 고요하고 들끓고 때로는 처참한 소리를 내고 또 들끓고 침묵하네요 무거운 지붕 아래 벽지의 무늬들이 수런거리고 벗어 놓은 신발들이 자유인처럼 누워 있네요 평소와 마찬가지로 매일 쓰던 그릇처럼 똑같은 표정으로 당신은 구름을 안고 왔네요 지상의 풍경은 안에서만 이루어지는 것이 아니라, 밖에서 발생하는 모순을 간파하지 못한 까닭으로, 당신의 영혼을 갉아먹고 상처를 남겨서 더 고통스러울 때가 많지요 정시마다 혈압을 체크하는 간호사가 구름을 빼라고 하네요 자아를 기록하는 그의 자서전에는 일생의 퍼포먼스와 노동, 온몸에 색을 칠하고 춤추고 노래해온 그의 불타는 영혼이 숨어 있네요 그가 기록한 숫자, 그가 닿았던 도시가 그림자처럼 사라지네요 방랑을 끝내고 이끼처럼 부도에 붙어살던, 돌에 스며 살던 그때도, 사막에서 선인장이 된 그때도, 고래 뱃속에서 어부처럼 식탁을 차리던 그때도, 산등성이는 늘 고요하고 차갑고 계곡은 늘 들끓고 있었지요

붉은 벽

갈고리가 몇 년의 생을 집어 올리고 있네요 그림처럼 귀여운 털을 가진 조막만 한 고양이가 두 발을 오므리고 종일 밥그릇을 지키네요 전선을 타고 이상한 나라로 가고 있네요, 뜨거운 태양이 넘나드는 경계에서 고향은 늘 기분이 묘해지는 마약 같은 열매 같아서 흠뻑 취하고 왔지요 공기에 취하고 바람에 취하고 바다에 취하고 눈발에 취하고 그냥 온몸을 풀어 놓았지요 올해 명절은 순갈이 하나 더 늘어 지난해와 기분이 또 달랐어요 고향의 무공해 사과를 보냅니다 구름을 접수하고 세상을 접수하는 일은 그렇게 만만하지는 않았지요 신림, 문화의 거리에서 오늘도 팬시 같은 옷을 입은 아이들과 운동화를 신은 아이들이 볼펜처럼 딱딱거리며 도시의 가벼운 찌라시처럼 무더기로 일탈을 꿈꾸고 있네요 한때 생물 같은 블록버스터를 매일 함께 보면서 삶에 접근하던 때가 있었지요 벌레들처럼 은밀한 집을 짓고 당신의 벽안에서 거룩한 성경을 끼고 잠들고 싶었던 때가 있었지요 오늘은 양파 속처럼, 먼지 하나 없는 희디흰 공허이고 싶습니다

나에게는 천 개의 서랍이 있다

며칠 동안 돼지 피 냄새가 나는 책을 오래오래 껴안고 잠들었다 풍경 소리들이 미친것처럼 절간을 뒤흔들고 떡갈나무 이파리들과 참새들이 뒤섞여 하늘을 난다 호시탐탐 청둥오리들이 연못에 내려와 비단잉어 새끼들을 낚아채려다 간밤에도 무수히 날개만 떨구고 갔다

이성복의 돌 속에 있는 여자를 깨치는 데 십 년, 김혜순의 감옥조감도를 분석하는 데 십 년, 오규원은 수목에서 아직도 에르메스 스카프를 하고 숲속을 거닐고 있을까,

나는 매일 외출복을 옷걸이에 걸어 두고 창 안에서 창 밖에서 프랙탈에 빨려 들었고 세상의 부조리에 편승했다

제라늄을 키우며 밥그릇을 챙기는 무리와 도모하면서 도시의 향기에 취해 울프와 동거를 시작한 지 오래, 책등을 외우며 데카르트와 아침마다 커피를 마시고 저녁마다 지중해쯤에서 카뮈와 압생트를 마시는 날들,

해바라기를 심고 태양을 죽이고 여행 가방을 들고 바다를 건너는 사계가 계속되었고 빨간 약도 먹고 파란 약도 먹으면서 비상구는 점점 멀어져 갔다 기억의 저편마다 사람들의 눈빛이 무진하게 쌓여 가던 어느 날, 관절마다 바람이 찾아와 손톱을 자르고 머리를 자른다

곁과 속

수많은 꼬리표가 달린 수하물을 처리하고 똥파리처럼 부유하던 시간을 박스에 넣는다 틈만 나면, 하루살이가 실타래처럼 몰려다니며 시야를 흐리게 했다 무게를 알 수 없는 웃음소리들이 집을 무너뜨렸고 점괘처럼 운명을 맞추는 확률이 확실해져 갔다 모호한 암호 속에서 매일 숟가락을 들고 시간을 재는 아침, 삶의 방정식이 느슨하게 풀리고 오해가 공포처럼 엄습하면서 한낮의 길이는 초침처럼 움직였다 어느 날, 프레임에 들어온 그녀의 걸음걸이가 수상했다 오후를 재촉하는 바람이 그녀의 목덜미를 후려쳤지만 햇살의 안과 밖을 넘나들며 천국과 지옥을 오갔다 처방전을 들고 약국 안을 살피는 일이 잦아지면서 신호등 앞에서서 동생의 손을 놓았다 그녀는 바다 곁으로 이사하고 스마트폰을 목에 걸고 한 손으로 기억을 밀고 있다 카톡을 장식한 수많은 이름들, 그녀는 낚싯대를 드리우고 사월의 투명한 바람을 건져 올리며 봄날은 간다를 노래한다 우리들의 운명이 비껴 갈 때마다, 문득 국수를 먹던 오래된 풍경이 저녁처럼 흘러간다

숨은그림찾기

마당 안에 기와집, 당신처럼 벽에 기대 서 있는 삽, 바퀴가 멈춘 리어카, 기역 자로 걸린 낫과 호미, 새들의 발자국을 지운 싸리 빗자루, 함지박에 담긴 흰 구름, 흙 묻은 장갑 속 엄마의 체온, 장화 안의 돌멩이, 모자 안에 스며든 당신의 땀방울, 물조리개 구멍을 막은 바랭이잎사귀, 바람에 몸을 씻는 녹슨 못, 호리병벌집 구멍 속의 애벌레들, 물구나무로 매달린 쟁기들, 플라스틱 바가지들, 비닐봉지 속의 봉다리들, 돌무지 속의 어린 돌들, 바람의 몸뚱이를 안고 있는 장독들, 개들, 고양이들, 닭들, 뒤섞인 삶의 흔적이 몽타주처럼 널려 있다 비에 씻긴 나무 의자, 아바타가 된 CMYK의 방, C가 하면 로맨스고 K가 하면 범죄, 스크린 속으로 사라진 M, 새처럼 하늘로 날아간 Y, 기억의 풍경, 헛된 시도에 불과한 반복과 재생, 뒤엉킨 알레고리를 풀고 있는 K, 부호를 숨긴 히든카드를 들고 우리는 순순히 밤새도록 게임만 되풀이했다

단초

1

가족관계를 정리하러 고향 가는 길, 똑같은 벽지의 무늬를 세면서 잠들었던 유년의 구름이 울렁거렸다 햇빛의 무게를 이기지 못하고 벽은 늙고 있다 갈라진 벽 틈으로 오월의 꽃가루들이 스며들고 새들은 전선줄 위에서 어부들처럼 날씨를 예감하고 있다

2

아침은, 도마소리와 마당 안에 몰려온 새들 소리로 시작했지요 생선 굽는 연기가 햇살 속에 몽롱한 무늬를 만들면서 마당으로 번져오면 손가락을 집어넣어 무늬를 따라가던 기억, 다락에 매달려 있던 종자 봉지들 물에 담그는 초봄처럼, 염소들 풀 뜯는 소리가 요란했지요

3

석탄가루 자욱한 기차를 타고 우리는 소풍처럼, 삶은 계란을 먹고 사이다를 먹고 껌을 씹었다 태백으로 오르는 해발 천 미터 아래 교실에서 아이들에게 88개의 피아노 건반을 가르치던 아우, 태백산에 가면 구름과 해와 비와 검은

강을 그린 일기장만 일생으로 남아 있다

4

부러진 방패연 하나를 들고 서 있던 소년이 맨발로 뛰어오고 있는 저녁, 나팔꽃이 입술을 다물고 고래의 뱃속에는 수초들이 자라고 별들만 무성했다 바다가 매일매일 생성과 소멸을 반복하는 동안 엄마의 기억은 쇠약해지고 용서를 비는 수상한 시간, 암전된다

5

춘설이 난분분하는 입춘지절에, 고을의 향기를 그득 담은 선물을 펼쳐 놓고 첨성대 위를 감도는 별을 따라나섰지요 사대문 안에서 숨바꼭질하던 때가 아련하옵니다 그 고을 냄새가 그리우면 언제 소식도 없이 연서처럼 그곳에 가닿겠습니다

6

일 층에서 십 층 사이, 가구들 그릇들 변기들 잠들고 자동차 소리 멈추고 도시는 영화 세트장처럼 고요하다 일렬로 켜진 가로등을 흔드는 발자국 소리를 들으며 튤립을 포장한다 우리는 꼬리를 낮춘 개들의 혈통을 가려내며 내일

일과를 반 정도 처리한다

7

eo씨 이번 주말에는 세계의 전시장 이케아를 방문해 달라는 메시지, 대단한 설득력을 가진 마케팅이라고 저장한다 몇 년에 걸쳐 반지의 제왕과 해리포터를 언제나 극장 맨 앞자리에서 봤다 발밑에 쿵쿵거리는 사운드를 즐기던 c와 j, 이제 아이들이 청첩을 준비하는 저녁이다

단상들의 이미지가 사사로운 삶을 구성하고 단초들이 출구를 찾는 일생의 단 한순간 프레임이다

과도기, 우리는

AIR MAIL에서 FTP까지

월간지 마감 때마다 시카고에서 서울까지 매달 비행기로 건너오던 인화된 사진, 그 다음에는 마운트 필름으로 오더니, 플로피 디스크 몇 개씩 오고, 그리고 잠깐 ZIP 디스크 한 개로 오더니, CD로 보내왔다 이제는 아무것도 안 오고 인터넷상 FTP에서 다운만 받으면 OK 땡큐! 세미나에서 메모할 필요도 없다 자료 가방에는 USB가 들어 있으니까, 그렇다면 이제 통역 리시버도 없어질까? 밀거나 터치하면 당신들의 언어들이 번역되어 눈앞에 펼쳐지는 세상이 오겠지, 인간이 인공지능 알파고와 바둑을 두는 세상이잖아,

카메라

현상하고 인화하던 시대, 필름에서 디지털 카메라로 이동하면서 필름 현상소도 사라졌다 코닥도 망하고, 후지도 망하고 이제 그 누구나 카메라를 들고 생을 기록하고 쪼개고 잘라 내고 세상을 찍는 세상이다 디카와 스마트폰이 확실하게 세상을 바꿨다

컴

출근부를 찍고 퇴근할 때까지 하루 종일 1분에 40타를 치던 타자수가 있었다 먹지와 종이를 끼워 넣고 기안 용지를 작성하고 한 자라도 오타가 나면 다시 쳐야 했던, 다다닥 말달리는 소리가 사무실을 장악한 그 이후, 라이카에서 워드가 나왔을 때는 매뉴얼을 보면서 밤을 새웠다 이어 삼보트라이젬워드를 거금을 주고 구입했다 그리고 바로 윈도우1.0 2.0 3.0 버전이 나오면서 첫 만남은 역시 윈도우3.1 컴퓨터, 얼마 써 보지도 못하고 워드는 창고로 들어갔고 윈도우95 98 2000 me XP 윈도우7 8 10 버전이 숨 쉴 틈도 없이 나올 때 나는 비취색 애플 누드 컴퓨터를 구입했다 창고에 들어갈 때마다 탁탁탁 소리를 내는 컴들 다 어떡하나,

CMYK

너희들의 기호로 이 세상 모든 색을 만드는 편집자가 사이언과 마젠타, 옐로우와 블랙을 만지며 구애를 선언한다 C는 그랑 블루로 흐르고 M은 붉은 장미꽃이 되고 Y는 노란

리본이 되고 K는 킬러, 블랙 유머가 된다

커피

붉은 열매, 검은 대륙 하나를 앤딩마크로 선택한다

컵

서울시 하루 플라스틱 일회용 컵 수거량 5톤 10대 분량, 일회용 종이컵 6억4천만 개, 잠시 내 손안에 있던 일회용 컵이 쓰레기통으로 쓸려 간다 수거량을 올리는 우리는 패스트푸드를 접시에 담아 달라고 요청했다

이제 창문에 돌을 던지며 구애를 하는 남자를 찾아 볼 수 없다 세레나데를 부르던 시대도 막을 내렸다 우리는 모두 공중에서 살고 있으니까,

투명한 중첩 또는 무거움

연인들과 연애와 인연과 운명이 겹치고 거울 속에 너와 나, 그리고 당신들의 얼굴이 중첩된다 눈부신 당신들의 아름다운 꿈과 자유와 평화가 산산조각 나고 인류는 프로파일러에게 쫓기고 있다 당신이 공헌할 미소와 언어가 파편처럼 하늘을 날고 있다

아침마다 당신의 악몽이 그물에 걸려 이슬로 사라지게 하고, 깃털을 타고 내려온 아름다운 꿈이 구슬처럼 당신에게 스며들게 하소서 드림캐처, 꿈을 걸러 내는 부적이 필요한 시대인가, 인간의 극치를 모은 뉴스, 불감증이 도래할 전망이다 가족끼리, 이웃끼리, 네이버들이 점점 더 큰 뉴스를 만들고 있다 악마의 중추에는 추악하고 더러운 노폐물이 가득 고여 도시로 흘러들었다 사는 고민, 걱정, 근심, 염려, 우려, 두려움도 없는 뻔뻔한 뻔뻔한 뻔뻔한 검은 짐승들이, 세상이 졸로 보이나, 개판인가, 미친 세상인가, 피를 부르는 악마들이 세상을 B급으로 만들고 트렌드를 만드는, 광기와 변태가 들끓는 지금이 중세기 말인가, 독설이 판을 치는 세상,

포크

양은 냄비를 타고 눈길을 내리 달린다 마을은 고요하고 장작이 타오른다 끓어오르는 청춘을 찍었다 프레임에 들어온 현장을 찍었다

포크와 나이프의 레이어, 커트러리와 글라스들이 정원의 꽃 무더기처럼 도열된 테이블, 행진곡은 계속되었다 턱시도를 입은 남자와 드레스를 입은 여자들이 메인 호스트의 안내를 받고 이름이 적힌 자리에 앉았다 자국의 언어들이 방언으로 오갔고 큐 사인, 웨이터들이 행진곡에 맞춰 150개의 라운드 테이블로 흩어져 빵을 날랐다 만찬은 시작됐다 중년의 멕시코계 웨이터들이 테이블마다 VIP들의 식성을 적고 있다 바깥부터 안쪽으로 들어오면서 사용하기 시작한 포크의 개수가 줄어들면서 가장 큰 포크와 나이프만 남았다 미대륙만 한 스테이크가 피를 흘리며 접시 안에 꽉 차 있다 1500명이 한꺼번에 만찬을 끝내고 밤늦도록 페스티벌이 펼쳐졌다 맨발로 재즈를 탐험하는 사이, 그랜드 볼룸 문을 닫았다 밖엔, 해안에 정박한 수척의 요트들이 비를

맞고 있다 레어〉미디엄레어〉미디엄〉미디엄웰던〉웰던 이런
스펙을 외우는 저녁이, 호텔의 지붕이 수면 위로 떠올랐다

울렁거리는 것들1

일렁이는 바람과 장마철 추녀 끝으로 하염없이 흘러내리는 빗방울, 소리를 내고 튀고, 땅에 떨어지고, 베일에 싸인 구름과 구름 한 점 없는 넓고 높은 하늘, 수평선에 바로 닿을 것 같은 예감으로 살아온 망망대해와 해안으로 밀려오는 낮은 파도, 천천히 흔들리는 나무들과 나무속을 파고드는 바람, 멀리 낙타 등 같은 산등성이 사이사이로 겨울이 지나갈 때,

빨랫줄에 널린 아버지의 눈부신 하얀 러닝셔츠가 햇빛에 말라 가는 소리, 할머니가 버스를 탈 때마다 주시던 쥬시후레쉬 껌, 생애 처음 입학하던 날 왼쪽 가슴에 손수건을 달아주던 예쁜 매화 고모, 목포행 배를 타고 흑산도를 떠나올 때 멀리멀리 점처럼 안보일 때까지 손을 흔들던 매자 고모, 하늘 아래 가족들과 형제자매들이 뿔뿔이 흩어져 영원히 잠든 거기를 지나올 때,

첫눈처럼 첫 글자와 이별을 의미하는 마지막이라는 글자

아름답고도 아름다운 연애 스토리와 키노트 스피치를 잘하는 연사와 상숙, 순이와 영자와 정연, 영숙이 미란이 금란이 종화와 선희, 미선, 국희와 영래, 영인, 명희와 성례, 성희, 정기, 매년 꽃피는 채송화처럼 오래오래 울렁거리네,

제2부

간극間隙

광화문에서 수천 개의 떨어지는 달을 줍고, 해가 떴다

행적에 불과한 한편의 기록

간극

구 층 빌딩 창가 책상, 기왓장에 얹은 폐타이어들을 세면서 공적 생활이 시작됐다 타이어 무게로 바람을 견디던 내수동 기와촌이 헐리고 경희궁의 아침 단지가 들어섰다 동아일보 청사가 리모델링하고 코리아나호텔 전광판에는 새로 바뀐 조선일보 로고가 빛났다 청계천이 흐르고 8도의 물을 합수하는 장면을 직접 보는 행운도 있었다 외교통상부와 정부종합청사 빌딩이 들어서고 간간이 공원에서 직원들과 한낮에 커피를 마시기도 했다 대한민국역사박물관이 생기고 한국전기통신공사가 KT 간판을 내걸었다 서울역사는 KTX역으로 바뀌고 서울에서 평양을 거쳐 유럽까지 횡단한다는 대형 표지판은 어디로 사라졌다 퇴직하면 저 철마를 타고 국경을 넘어 시베리아를 지나 유럽으로 횡단하는 꿈을 꾸면서 적금을 부었다 김포공항에서 인천공항으로 옮겨 외국 출장을 갔고 월드컵 때는 야근을 하다가 직원들과 붉은 티셔츠를 입고 뛰쳐나가 광화문 사거리에서 거리 응원에 가담했다 오공을 지나 대통령이 몇 번 바뀌고 광장에서는 슬프고 아름다운 행사들이 이어지고 복

원한 광화문 앞에 세종대왕 동상이 이순신 장군 뒤에 자리를 하고 신사임당이 오만원권 지폐의 인물이 되었다 서울시청을 새로 짓고 구시청은 도서관이 되었고 동대문디자인플라자가 오픈되어 디자인서울이 강조되었다 그러는 사이 불혹은 구름 속에 숨어 버렸고 가족들은 이별을 하고 수신 없는 바람은 매일 밤 오장육부를 쑤셔댔다 어느 날, 칠십 대 노인이 숭례문에 불을 질렀다 국보 1호가 맥없이 허물어지는 장면이 뉴스에 보도됐다 그 이후, 김연아 선수가 대한민국에서 동계올림픽 사상 처음으로 밴쿠버에서 금메달을 걸고 피겨 여왕으로 등극했다 싸이가 강남스타일을 시청 광장에서 공연하고 프란치스코 교황이 대한민국에서 가장 작은 차를 타고 백만여 명이 참가한 광화문광장에서 시복미사를 집전했다 광장에는 아직 노란 리본들이 작은 바람에도 흔들리고 있다 「꽃 피기 전 봄산처럼/꽃 핀 봄산처럼/누군가의 가슴 울렁여보았으면」* 교보빌딩 걸개를

* 광화문교보빌딩 2015년 봄, 걸개 명구로 내걸린 함민복의 시 〈마흔 번째 봄〉

읽으면서 이백 칠십여 권의 책 표지를 기억하며 이십이년을 청산하는 결재란에 선명하게 도장을 찍던 오후, 이세돌과 알파고가 세기의 대국을 펼친 포시즌호텔을 짓고 있을 때, 쓰다 남은 독도 고무지우개를 챙기고, 광화문역 1번 출구에서 구름을 타고 한강을 건너왔다

제3부

장극牆隙

틈으로 갈라진 경계마다 기호들이 난립하고

변방에서 개인의 질서를 정립하는 방법을 서설하다

검정개

국도에서,
마을에서 풀어 놓은 검정개 한 마리
도로를 가로질러 천천히
어슬렁 꽁지를 감추고 눈빛이 주인 잃은 개 눈빛이다
검정개와 아이 마당에 쪼그리고 앉아 무심한 얼굴이다
엄마는 집에 없다 아빠도 집에 없다

아버지는 허리띠 맨 마지막 구멍에 삶을 채우고
외출했다
허리띠 구멍마다 헐거워진 세월의 흔적이 남아,
한 칸씩 안쪽으로 들어올 때마다 삶도 점점
안쪽으로 기울어졌을까
벗어 놓은 허리띠가 늘어져 못에 걸려,
삶이 식어 있다
아버지의 삶은 어디까지 왔을까
아버지가 마련한 아랫목은 얼마나 따뜻할까
빈 방, 햇살이 들어왔다가 빠져나간다

벽에 걸린 액자 속의 사진 속에서 먼저 죽은
얼굴들이 웃는다
그 옆에서 나도 웃고 있다
마루 끝에서 무심한 얼굴이 되어 액자를 올려다본다
사람마다 주름살이 다른 방향으로 흐르고 있다
세월이 목구멍을 타고 넘어간다

집은 비어 있고 액자 속 웃는 얼굴들은 왜, 오지 않는가
햇살이 기울어진다 검정개는 무엇을 찾는가
잡풀 더미 속에 검정개 밥그릇 바짝 말라 있다
아궁이도 식은 지 오래,
벽에서 소리 없이 진흙이 흘러내린다
다들, 어디로 갔을까
검정개는 무얼 기다리는 것일까

몽상

햇살이 둥글게 구멍을 파고 내려앉았다
　　포도밭에는
　　뜨거운 여름 해가 그대로 매달려 있다
　　아이를 업고 여자는 포도를 자른다
오동나무 무거운 그늘이 머리 위에 내려앉아
오후를 짓뭉개고 있다

　　좁혀진 길을 따라 언덕에서
　　입술이 시리도록 찔레를 꺾었다
삼빛 머리털의 암갈색 눈을 가진
　　여자가 첼로를 연주하고 있다
　　남자가 염소를 안고 잠들어 있다

골뱅이 집

봄이 또 온다 겨울은 짧게 갔다
방안으로 몸속으로 한철 만난 나비 떼 쳐들어온다
갑옷을 입고 봄의 전령사들과 싸울 준비를 끝냈다
어제는 바람이 속수무책으로 불었다
몸무게를 다 내려놓지 못하고
꽃밭에 씨를 뿌리고 물을 주었다
골뱅이 집에서 휘청거리며 바람의 속도를 예감한다
무거운 집을 머리에 이고
마실 다니는 골뱅이들의 행렬
창속에서 헤매고 있다
집집마다 대문을 열어둔 골뱅이들이 사는 집
이제 이집 저집 구경하는 것도 하루가 모자란다
골뱅이도 집이 있는데,
유목민들이 골뱅이들이 무더기로 객사했다는 소문이다
나는 논으로 흘러드는 수로를 막고 물을 뺀다
수많은 창을 닫는다
골뱅이 집들이 점거된다

거리의 무늬

멀리 건물들의 웅성거리는 소리를 듣는다
나는 거리에서 저울눈처럼 흔들린다
형광등의 백색이 몸속에 있는 뼈의 질서를 비춘다
골목을 걷는다 그림자가 나타났다 또 걷는다
그림자가 앞에서 커다란 동물처럼 걷는다
그림자를 밟으면서 뛰면서 걷는다
검은 동물의 그림자 작은 하나의 잡목처럼 서 있다
브레이크를 잡았지만 그 잡목의 숲에 쓰러졌다 웃었다
무릎을 털고 일어나면서도 웃었다

무늬가 잘 보이지 않아,
무늬의 균열을 다시 보았다
무늬들은 흩어지고 있었다
무늬의 색깔을 다시 보았다
무늬들은 더 이상 자라지 않아
무늬들은 지워질 건데,
물속에서 무늬들이 나비처럼 움직였다

석불石佛

운문雲門을 찾아 들어갔으나 문을 걸 수가 없다
　하늘봉에 다리를 풀고 앉아
　구름은 하늘에 있고, 물은 단지 속에 있는 설법을
　달이 차도록 들었다
조롱에 갇힌 새들이 우산을 쓰고 비를 피하고
시방삼세十方三世 무량한 팔만사천법문이 저잣거리에서
사막처럼 풀어진다
　운문사 석불 앞에 원願을 세운다
　느티나무가 풍경을 흔든다
　우주의 중심에 서 있다는 구름은 하늘에도 없다
어젯밤 폭우, 사망 실종 실제 상황 보도가 계속되고
7호선은 또 물에 잠기고 잠수교는 통제 되었다
내 몸속에 주거하는 쿤데라의 소설 형식을 버린다
뉴스를 끄고 국수를 먹는다 하루살이들이 한꺼번에 날
았다
전봇대에 앉은 참새들이 유년의 풍경을 물어 왔다
　오늘의 공양은 성불成佛,

나는 얼마나 불안한가
그리고 저, 눈 속 자작나무 또한
얼마나 불안한가

나의 아름다운 무늬 또한 얼마나 불안한가
긴시간동안허무의숲막연한그리움의전이
무너져내리는나의육신과사유의숲에서막연하다
자꾸만똑같은꿈들이연속되고죽은자들이꿈속에서나와
함께밥을먹고웃는다나는주체할수없는나의굳은무늬들과
결별하고싶다그리고일상을털고독안에들고싶다
서울의빵과눈물과폭설속에서광화문과종로와명동사
이달이뜨고해가뜬다매일,나는누구와도친근할수가없고친
근한웃음도먼지도발견할수가볼수가없다낡은사유의산책,

JOHANN SEBASTIAN BACH
"The 6 Cello Suites" 〈PABLO CASALS, Cello〉
카잘스의무거운첼로와바흐의산책로를따라묵은사유와
몽상을연결한다전위적인음들과파열하는심장늘산책은투
명한진공관의공명이었고그의두뇌는나를급속도로배반하

고있다낡은소재와구태의연한형식진부한생각과복고의일상이창문을두드린다구겨지자부서지자

저잣거리는요즘누가누구를팽烹하고있다고들한다나는명동에서서나의개다리같은책상과의자닭다리같은펜들과나의일상집기들을버린다지난한삶의충격이나의옆구리를찌른다나는지금답보상태나는더이상움직이지않고있다밥만먹고있나걷기만하고있나너무먼당신의곁에서이제감당할수없는나의심장을놓는다숲에는먹을것이떨어졌고볼책도없다신문구석구석까지읽고또읽고를계속하는몇년의겨울이그냥간다그늘이통째로집을들어올리고있다

끝

명일동에는 비가 내리지 않았습니다 가로등이 빛나고 새들은 집을 짓고 숲속에서 잠들었습니다 달이 나무 사이에서 불타고 있습니다 비어 있는 방에서 전화선이 타고 있습니다 단풍나무가 가로등 밑에서 불타고 있습니다 가을이 오는 거지요 다들 떠나는 거지요 주소지도 바뀔 꺼구요 전화번호도 바뀔 꺼구요 이제 종점에서 굳은 빵을 먹지요 수많은 달이 한강에 빠져 불타고 있습니다 이제 가슴에 불을 내리고 몽상을 시작하겠습니다

목화밭

오후

저수지처럼 고요하다
신작로에는 백양목 잎사귀들이 정겹게 몸을 부딪치고
뱀 한 마리 밭둑길을 가로지른다
꽃보다 벅찬 편지가 문을 두드린다
고양이가 진실의 입 곁에서 졸고 있다
길어진 해가 먼지들과 춘투한다

신부들

영변의 약산 진달래꽃들이*
비행기 시간을 기다리며
무더기로 피어 있네
모네의 여인들처럼 양산을 펼쳐들고
구름 속으로 들어가네

---

* 영변의 약산 진달래꽃-김소월의 시에서 차용

사거리

노을을 깔고 앉아

이제 길을 내어준 너에게 목화 꽃을 보낸다

불타는 뭉게구름 속, 나루에 나를 두고 온다

닭장집에서

걸어가면서 똥 싸는 닭
마른똥 사이로 흩어져 있는 좁쌀 먹는 닭
물 먹는 닭 조는 닭 그 옆에서 알 낳는 닭 싸우는 닭
그 옆에서 날개 털어 먼지 내는 닭
날개 죽지에 붙은 벌레 잡는 닭
그 사이 나와 눈 마주치는 닭
지렁이 쪼는 닭 개구리 뜯는 닭

닭들,
시도 때도 없이 교미하는 닭 그 사이사이 알 품는 닭
나는 닭장집을 치울 생각을 접는다
생각이 접어지자 닭들도 생각을 접은 듯
한 냄비의 크기로 오므린 잠든 닭들 서서 자는 닭들
닭들 고요하다
눈뜨면 팔려 가는 수탉 벼슬 쪼는 암탉
전국에 산더미처럼 깔린 유정란 세일

청명한 가을에

“嘉禮. 삼가모십니다

謹啓時下 立冬之節에 宅內 錦安하심을 仰祝하며 아뢰옵니다.

아래와 같이 婚姻禮를 명동성당에서 치르게 됨을

一家 親戚과 親知에게 알리고 이에 請牒합니다 …”

꼬끼오옥, 꼬꼬꼭, 꾹구꾹구 구구구국 끄르륵

바람 불어 닭 털 날린다

동막

또 메스꺼운 가을이지요 탱자나무 울타리에 벗어 놓은 어머니의 안부 바람에 말라 가고 개미들 집 짓느라 분주한 마당이지요 대숲에서 바람이 한꺼번에 몰려와 감잎들을 몰고 가을은 가지요

마당에 담장처럼 서 있는
모과나무 감나무 은행나무 석류 대추 살구나무
오십 년이 넘는 나무들 게워 내는 소리에
문득문득 잠을 설쳐 마루에 나앉은 밤
미루나무에 달이 걸려 있는 밤
아버지 기침 소리가 마당을 걸어 다니는 밤
파도 소리가 선명하게 몰려오는 밤
은어들이 몰려오는 전투적인 소리,
오래된 능금나무가 세월의 두께를 씻고 서 있지요
동막집에도 그리운 사람은 보이지 않아
대문을 열어 놓고 새를 기다리지요

불안한 대화

「겨울나무가 달을 동반하고 강으로 왔다
강은 얼어 있었다 얼음을 깼다
물고기들이 눈 속으로 들어왔다
강안에는 도서관이 있었다
신대륙을 발견한 콜럼버스가 왼손에 지도를 들고
오른손은 고향을 가리킨다
여류 화가가 여류 시인의 심장에 못을 박고
피카소 자화상에 붙어 있던 번데기들이
집을 허물고 날고 있다
도서관이 불타고 책들의 장례가 시작되었다
그의 방은 사라졌다」
방안의 더운 꽃무늬들이 길을 찾아 나섰다
어린왕자가 달의 보자기를 벗긴다
달이 지구에 떨어진다
꿈속에서 썩은 사과를 들고 도망친다
빨랫줄에 걸어 놓은 사내를 방 안에 두고 문을 잠근다
물고기들이 잠자리를 재촉했다

경포

수초 들끓는 물속,
물고기들 하늘로 뛰어올라
낮달 속에 물고기들 꽉 차 물고기를 배고
물고기를 낳는다

구름에서 토해 낸 물고기들이 별들처럼 수면 위로
튀고 있다

새들은 억새 숲에 알을 낳고 제 집을 못 떠나고
박 시인이 월파정에 새긴 오래된 낙서들
이제 바다로 흐르고
빈 배만 들락거린다

몇 년 전처럼 아직도,
새들이 가끔씩 눈물을 떨구고
소금쟁이가 세월을 건너뛰고 물 위를 걷고 있다

영화

겨울 나그네 69명이 청색 모자를 쓰고 직사각형의 집에서 몸을 비비며 서 있었다 그 사내들은 건조한 몸을 씻고 누워 있었다 그들의 집은 충무로 2가, 집 밖에는 그들의 암호를 새겨 넣었다 그 사내들의 집은 회색이었다 앞문과 뒷벽의 파란 유리창문으로 눈이 내리고 문을 위로 밀면 모자만 보였고 아래로 밀면 맨발만 보였다 벽에는 밤색의 체온계를 달고 있었다 여자가 모자를 콕콕 찌르고 있다 사내의 몸을 꺼내서 빨간 손톱으로 톡 분질러 버린다 사내들이 소리를 지른다 파란손톱이 사내 하나를 꺼내 맨발의 끝을 찢더니 입속에 넣는다 그 집의 문을 열었을 때 사내 하나가 밖으로 나와 밤색의 체온계에 모자를 벗고 건조한 몸을 태웠다 사내들은 모두 사라져 버렸다 창밖에는 폭설을 예고하는 경보가 시작됐다 시네마천국이다

마지막 집

가끔 새들 울음소리 앞서간다 열병을 앓은 끝, 붉은 꼬투리 버리고 바람에 커 가는 이파리들 먼 산까지 잡목의 성전이다 이길 밟은 지 오래다 칡넝쿨이 휘감은 길을 따라 길 없는 데까지 들어가면 옷 빨아 널은 오래된 집 하나, 아궁이에 타고 있는 장작 뜨겁다 미역취 중나리 노루귀 달개비 팥배나무 산제비꽃 진달래 제자리에 세월을 묻고 꽃을 피워낸 지 수년이다 껍질이 터져 몇 년 껴입은 군더더기 세월 나무에 붙어 있다 몸에 붙은 두꺼운 도시의 그늘을 벗긴다 오월의 흔적이 식구들의 머리에 앉았다 머리에는 열매들이 열리고 산을 움켜잡고 흘러가는 물소리 뚝뚝, 물속에 눈을 버린다 버린 눈이 물속으로 들어가 돌아오지 않는다

그 동네에서 마지막 집, 식구들이 낸 길 밟고 집으로 가는 길, 하나뿐이다

낙천樂川

콩은 방금 끈 숯처럼 뜨겁고

고추는 해발 천 미터 뙤약밭에 흩어졌다

호박은 덩굴 속에서 아이를 낳는다

가지는 땅 밑으로 늘어졌다

나는 늙은 오이를 딴다

바람 속에서 감자가 익고 있다 구름이 옹달샘에 몸을 적시고 흘러간다 태양은 고개를 천천히 넘는다 달빛이 도망가고 별들이 하늘에 구멍을 내기 시작한다 뻐꾸기들이 시계처럼 울고 있다 개구리들이 수천 마리 알을 풀어놓고 일제히 울음을 쏟아낸다

흔적

영동 지방 폭설주의보, 폭설 폭설이 계속되고
죽은 나무들의 숲을 지나 집으로 간다

산불 초토화 민둥산, 불꽃이 날아다녔다 도로에는 불꽃들이 민들레 꽃씨처럼 귀신처럼 이산 저산으로 날았다 불씨들은 웅웅거리며 파도처럼 몰려왔다 바람이 불덩이를 삼켰다 토해 냈다 마을을 뒤흔들었다 사람들은 뛰었다 사람들보다 불이 먼저 뛰었다 바람이 앞서가고 불길은 도로를 건너뛰면서 적송이 우거진 산을 삼켰다 불 터널 속으로 버스가 곡예를 하면서 지나갔다 바람은 죽지 않았다

해안도로변 나무들, 묘비명처럼 서 있다
이름 없이 살다간 꽃들에게도 장례는 시작되었다
죽을 때까지 그들의 이름을 다 쓰지 못하리라고,
최승호 시인이 조사를 붙였다
작은 새들도 보이지 않는다 간간이 줄기만 남아
서걱대는 억새들 바다 쪽으로 몸을 풀고 느티나
무도 흔들렸다 중세의 모자를 쓰고 잠든 아버지
곁에서 돌아앉아 시계 밥을 준다

다시 섬강에서

사람들은 저마다 메시지를 보내고 창을 닫는다
창 안에는 그들이 잠들어 있다
나는 줄곧 서신을 확인하고 그들의 얼굴을 닫는다
얼굴들이 점점 흐려진다
전보 같은 메시지를 받고 달개비에 생수를 붓는다
그동안 시간은 무섭게 흐르고 무뎌지지 않는 감정만 치악산 아래 버렸다 한줄기 아름다운 친구들의 발걸음들 사이로 우울한 씨를 뿌리고 섬강을 건너왔다 삶은 우울한가 건재한가, 동물처럼 세포를 껴안는다
"우리 다시 섬강에서 합류해" 어린 날의 연서, 섬강에 풀었다

다시 많은 날들이 가고
나는 거리에서 짐을 풀고 있네

오후, 광화문으로 이동한다 나의 목적지는 어딘가로 사라지고 숙소로 가는 길을 지하철에서 발견한다 점점 쇠

약해지는 말들, 엉겅퀴처럼 돋아난 혓바늘, 겨울문턱에서 아이들을 섬강에 두고 왔다 나를 찍어 내리는 저 침묵, 저 보름달, 유년의 바다에서 헤엄치던 말미잘의 슬픈 몸을 본다 브라운관에 뜬 저 아름다운 알들은, 언제 부화하여 물위로 떠오를 것인지

강물 소리

그해 여름,
7번 국도변에는 코스모스들이 콩알 같은 꽃망울을 달랑거리고 봉숭아 담벼락 밑에서 붉은 꽃잎을 떨구고
다리 밑에서는 은어들이 새끼를 까고
줄 삭은 수박들이 알몸으로 뒹굴고 있을 때
농약 냄새에 섞여 개구리들 유난히 울었다
저녁은 아직 마당에 펼쳐져 있는데
은하수 탄 별들이 쏟아지는데
온 동네는 정전이 되었다
잃어버린 오빠의 구두 한 짝은 7번 국도에도 없었다
아버지는 국도에 시계처럼 서 있었다

지금 여기에 서서
편지 없이도 닿을 수 있는
어머니의 방, 액자 속에서 웃고 있는 아버지
어머니의 블라우스에 핀 수많은 꽃들과
햇빛에 말린 눈빛

길은 점점 가까워지고
내가 벌판으로 나가 사과나무에 물을 줄 때
비탈에 서서 파꽃을 피울 때
땡벌집을 잘못 건드려서 앓아누울 때
거기에서 여기까지 일기예보를 보면서
어머니, 지는 저녁 해를 장대에 걸고
깻잎 냄새 풍기면서 고개를 넘어오네
강물 소리 오늘따라 유난히 시퍼렇고

꿈속의 책상

마을마다 뿌려 놓은 뻐꾸기들 울음소리와 바람에 섞여 나무가 자라고 무지개가 나타났다 조롱 밖으로 나온 새끼들이 어미 새를 지키고 있다 적요를 발목에 적시며 고양이가 느리게 걷고 있는 저녁, 어스름이 엄습할 때 개구리가 알을 까고 거미가 집을 만들고 새들은 사다리를 준비하고 있다 어미 새는 집을 부리에 매달고 배를 타고 떠나고 있다 물고기들의 머리 위로 배가 지나갈 때마다 애벌레들은 날개를 만들기 시작하고 달이 먼저 강을 건너고 있다 비가 내리는 밤마다 꿈속을 어지럽히던 고양이들이 책장을 정리하고 동화를 읽고 있다 유년을 그대로 옮겨 놓은 액자는 꿈속에서만 가능한 일이다 이불 속에는 가족들의 이름과 추억과 이별이 붙어살고, 당신들의 향수가 서랍 속으로 사라졌다

그들의 기억

거미가 알몸으로 길을 만들어 지붕에서 감나무를 타 오르고 있다 나는 사다리를 놓고 감의 꼭지를 땄다 긴 장대를 들고 하늘을 찌르며 붉은 예감을 땄다 할아버지는 소를 몰고 마당으로 들어섰다 할머니는 마지막 가을 해를 털고 있었다 가을이 온 마당으로 흘러넘쳤다 꽃밭에는 쉴 새 없이 꽃씨들이 터지고 아침마다 감 이파리가 마당을 긁고 가을은 바쁘게 지나갔다 가을에는 할머니가 자루를 들고 서 있었다 가을이 텅 빈 단지로 왔다

지천에 꽃들은 땅에 씨를 묻고 전쟁 같은 추수가 끝난 텅 빈 들 새들의 우울한 눈빛 뼈만 남은 외로운 나무들 낮게 내려앉은 하늘 고요한 동면을 서두르고, 나는 들로 걸어 나가 이삭 줍는 여인들처럼 그들이 되었다

새들이 굴뚝에 모여 어둠을 쪼고 있다 하늘이 입을 다물고 별이 되었다 밤이면 무화과가 나무에서 그냥 얼어붙었다 백 년의 풍경 같은 오래된 세월, 흑백에 묻다

간이역

도박처럼 시작한 그의 달 안에서 물을 주는 한낮,
꽃들이 격렬하게 작별을 통보해 오는 봄날,

이제 짐을 풀고 그의 항아리 안에서 잠들고 싶은 그런 오후, 새들이 입을 맞추며 하늘을 날고 옷을 벗어 나무에 걸어 놓고 하늘로 올라간 매미들처럼 울고 싶은 그런 날들, 평생 동고동락하던 말린 앵두가 그려진 커피 잔을 두고 문을 잠그는 그런 저녁, 한 남자의 안경을 닦아 주는 그런 여자로도 살고 싶은 한때가 있었지만 당신의 구두는 소금덩이처럼 딱딱하게 바람에 말라 가고 치아가 병든 암소들은 더 이상 풀을 뜯지 않고 태양이 식지 않는 그런 밤이 오면, 낙타를 몰고 도착이나 할 수 있을지도 모르는 가능한 아주 멀리 가는 티켓을 구입하고 싶은 그런,

청동 얼굴

초겨울 온도계는 중얼거리며 뛰었다
바다는 매일 파도의 높이를 바꾼다
바다에는 그들의 언어들이 살고 있다
또, 멀리서 눈발이 마녀들처럼 몰려왔다
하루 종일 달려들어 얼굴을 때렸다
자전거를 타고 옛 애인들이 바다에 빠졌다
수평선으로 뛰어간 노을이 애인을 건졌다
우리가 그렸던 수평선은 지워졌다
해변에는 조개껍질들이 구천을 헤매는 영혼들처럼 일렬로 걸어 나와 있다 갈매기들이 죽음의 동산을 만들고 암초에 붙은 따개비들이 파도가 칠 때마다 웃었다 눈도 안 보이고 손도 안 보이는 암호가 시작되었다 해파리가 물 위로 떠올랐다 그림자가 바다로 잠수했다 수많은 얼굴들이 누워 있었다 불가사리들이 별을 건져 올렸다 멀리서 눈발이 탱크를 몰고 왔다 바다는 불타고 축제는 시작되었다

액자는 있고 그림이 없는

I

노을이 사내처럼 모자를 벗는다
마을에는 전설이 섬으로 남아 산봉우리에 걸려 있다
의무적이다 구름은,
종종걸음으로 꽃잎들이 납작한 꽃잎들이
벗어 놓은 구두처럼 앉았다

II

앞마당 같은 사내
가슴을 조이고
검은 돌을 갈고 있는 여름 오후
사내는 앞마당에 달개비 꽃이 된다
오후가 혼자 걸어오고 있다
불가사리 꼴뚜기 성게 우뭇가사리 비단조개 해파리
숨을 죽이고 세상 속으로 풀어진다
오후가 살을 벗고 지나간다
황소가 꽃을 물고 지나간다

Ⅲ

창문들이 붙어 있는 마을

시장은 문을 닫고 창문들마다 불을 끄고

이 빠진 불빛 이 빠진 창문 무리 지어 이사 간 그들

저녁은 식어 있었다

창문들마다 다른 커튼을 치고

그 벽에 붙어살던 무늬들 홀로 남은 무늬도 강을 건넌다

사전처럼 두꺼운 밤, 사내는 불을 끄고, 아침이 성전의 만찬처럼 꽃피듯 수런거리고 수척한 노랑나비 안개를 밀고 있다

일상의 미학

자정, 지하철 신림역 청소부들이 고무호스를 들고 바닥 청소를 했다 사내는 신문지 한 장을 깔고 섬처럼 앉아 있다 지하, 계단에서 여자가 개를 세고 있다 여자는 팔리지 않은 개들의 목덜미를 잡아 상자 속에 넣었다 지상, 가로등 아래 남자가 토끼를 펼쳐 놓고 성경을 읽고 있다 머리통에서 검은 먹물이 흘러나왔다 어두운 골목길 전봇대처럼 평범한 일들의 연속이었다

밤마다 사막의 선인장들이 도시로 공수되었다 묘지 위로 재즈는 어둠을 몰고 왔다 사내는 양손에 저울을 들고 다리를 건넜다 물속에 달이 빠졌다 물 위로 바람이 불었고 달빛은 바람에 날렸다 바람이 점점 심하게 나무를 잡고 흔들었다 나무가 뿌리째 뽑혀 하늘을 날았다 사내의 모자는 바람에 날려 구름 속으로 사라지고 고양이는 나무뿌리를 잡고 지붕에 떨어졌다 사람들은 개를 한 마리씩 안고 집으로 돌아왔다

사월

어머니, 등 하나 머리에 이고
쉼표, 또 쉼표를 찍으며 동막골 신흥사 올라
등 하나 하늘에 달고
비탈길 닮은 삼천배하는 허리
사각거리는 안개 같은 한숨 소리
자식들 이름자 이름자마다 종달새 울고 가네
어머니, 무거운 세월 머리에 이고
대관령 넘어 서울까지 넘나들 때
시계가 흐려진 안경, 꽃잎들처럼 흐드러진 치마폭
어머니, 달 하나 머리에 이고
물, 불, 바람 세 개의 촛불을 켜고 무거운 하산을 하네
지수화풍地水火風 잘 순환되어 지구 생명들이 사고 나지 않고 가난하지 않고 거지되지 않게 지극으로 원願하네

나는 빈손으로 산에 올라
등을 내리네
종달새들이 등에 앉아 시간을 쪼고 있네

걸어가는 개

마드리드에서 세고비아로 가는 태양처럼 나는 게으르다
안토니오 가우디가 만든 길을 따라 느리고 느린 걸음으로
중세의 유혹에 빠졌다

산책하는 늙은 한 마리의 개처럼, 여자가 숲속으로 들어갔다 신사가 개를 잡고 그 숲속으로 따라 들어갔다 사방으로 길이 열려 있는 숲속, 개가 들어간 입구에서 하루 종일 기다렸다 게으름의 연속이다 하늘에 떠다니는 구름처럼, 단순하게 한쪽 문을 열어 두었다 시계는 느리고 느린 시침을 똑딱 옮겨놓으며 지구를 뒤흔든다 지독한 폭염, 태양이 쪼그라들고 있다 여자가 쪼그라들고 있다 신사가 쪼그라들고 있다 폭군들이 사라졌다 이제 숲속에서 기다리지 않아도 될 예감이다

꽃밭에서 분꽃씨가 터졌다 개미가 꽃 속에 들어가 시계가 된다 시계 안으로 들어가 먼지가 된다 구름이 된다 까만 꽃씨가 된다 삶이란, 당신을 안다는 것은 정말 모르는 것과 같다 지중해에서 태양 속에서 축제처럼 이방인처럼 한방

날아가고 싶은 날, 어찌 알겠는가 삶이란 것을, 저 태양이

또 옷을 벗고 있다

삼국지를 보는 여자

수족관, 광어들이 포복하고 있다 유영하는 우럭 한 마리 눈을 껌벅거리고 새우들 수염이 실타래처럼 엉켜 있다 전복들이 무리를 이루고 탱크처럼 유리관에 붙어 있다 도다리 한 마리 그물에 잡혔다 죽었나,

> 브라운관, 2003년 3월 부시는 이라크 공격을 선포했다
> 미국 이라크 전쟁 속보가 계속되고 안경을 쓴 후세인은
> 미국에 결사 항전을 세상에 알렸다
> 이라크 소년들과 여인들이 지붕 위에 서 있다
> 전장에 들어간 이진숙 기자가 세계에서 몰려온
> 인간 방패들의 소식을 메일로 보내오고 있다
> 미국, 영국 연합군들 바그다드를 향해 기어가고 있다

도마 위에서 피 흘리는 도다리, 무더기로 옷 벗은 멍게, 탕에 들어온 새우, 젓가락으로 와사비를 듬뿍 찍어 눈물을 삼켰다 우리는 전쟁이 얼마나 길어질 것인지 점치기 시작했다 프리지아가 묶음으로 팔렸다 장강에서 옥수수를 먹는 다큐가 광화문 사거리를 장식했다

음화

그에게는 두 켤레의 구두가 있었다 수없이 바다 모래를 밟아 들인 구두만 문 앞에 있을 뿐이다 해풍이 심하면 갈매기들을 모아 집을 만들던 그는 두 켤레의 구두를 남기고 바다로 갔다 마당에는 조개껍데기 참게들이 그의 방을 기웃거린다 삶의 오두막에서 새가 된 사내에게 편지를 쓴다

(동굴에서 새를 낳아 키우고
몇 년간 일용할 양식을 잊지 않았지요
책갈피마다 묻어 있는 땀 냄새를 혀끝으로
맛보았지요)

사과 씨가 구두 안에서 살았다
구두 안에서 나무가 자랐다
나무 안에서 새가 알을 낳았다
새는 독 안으로 날아들었다

제4부

세극細隙

바람의 틈으로 구름이 난분분하고, 출가를 자극하다

오랜만에, 아주 오랫동안

오래된 친구가 찾아왔다 황무지처럼*오래된 옷을 걸쳐 입고 지하 엘리베이터 앞에 서 있었다 지하 식당에서 우리는 백반을 먹고 오래된 얘기들을 놓았다

아직도 투명성이 없는,
답도 없는 전투적인 얘기들을 나누며
지하에서 오래오래 검은 커피를 마셨다
친구의 일기에서 폭력은 사라지고
등잔불 같은 눈, 암전된다

신발 안에 가득한 먼지를 털며 마당 안이 세상인
고향에 사는 부친의 안부를 묻는다
이제 그곳에는 연어가 오지 않아
아주 오래된 고가구 같은 친구 곁에서
오래된 먼 사람들의 얘기와 말들이
지상과 지하를 넘나들었다

---

* 양희은의 〈두리번거린다〉에서 이미지 차용

일가친척들과 할아버지 할머니의 얼굴이
동해바다 해일처럼 일어섰다

봄, 이쯤에 고향의 느티나무 순처럼
우리는 또 다시 도시의 불빛에 합류했다
십년 전의 옷을 걸쳐 입고 온 친구 곁에서
이십년 전쯤의 동막리를 생각했다

저 수족관 속 열대어들 눈부시다
더운 달 하나가 지하로 들어와 저녁을 흔든다

구상나무

한낮인데 뻐꾸기가 먼 산에서 깊은 목소리로 울고 있네요 비행기가 낮게 지나가네요 뱀이 지나 가네요 똥벌이 귀를 때리네요 검은 나비가 부지런히 날개짓 하네요 자벌레가 나무줄기를 타고 빠르게 움직이네요 귀먹은 몸을 외나무다리에 눕히네요 기억이 주술처럼 몰려오네요

오랫동안 한 나무만 보아 왔지요 한 나무에만 물을 주었지요 한동안 한 나무를 보는 게 낙이었지요 그를 두고 하산을 했지요 나무의 이름으로 남아 있는 산을 다시 올랐지요 한 나무는 아직도 그 자리에 서 있었지요 여태 그 자리에, 무거운 몸으로 산을 올랐지요 그 산 닿을 때마다 진통제를 먹었지요 뜨겁게 달여 먹었지요 그늘에서 어두운 눈을 씻었지요 어둠이 반쯤 사라졌을 때 머리에 꽃이 피어올랐지요 가슴에 꽃씨들이 엉켜 붙었지요 흑자색 꽃 속에 물을 받아 몸을 씻었지요 밤마다 별자리들이 주술을 퍼 담고 있었지요 꿈속에서 바다를 건너가는 구상나무들, 꿈이 아니었네요

옆집 뉴스에서

고양이들이 꿈속으로 들어와 수많은 발자국을 찍고 달아난다 상도동 227번지 골목에는 마을 사람들이 병을 수집하고 종이를 모으고 책을 버린다 나는 나를 내장한 컴퓨터를 내다 버린다 중세의 군사들이 골목을 메우고 나는 포위된다 헤라클레이토스가 태양을 향하여 화살을 당기고 있다 쿤데라가 프라하에서 옷을 찢기고 시궁창에 처박혔다 바슐라르가 쓴 빽빽한 글씨에 안경을 깨고 만다 검은 봉지에서 미처 빠져나오지 못한 아름다운 바슐라르의 꿈들을 고양이가 물어뜯고 있다 깨진 유리병을 들고 테라스에 찍어 놓은 발자국을 따라나선다 담장을 지나 주차장 지붕으로 올라간 눈빛, 감당할 수 없다 놓쳤다

고양이들 울음을 터트리며 꽃놀이를 한다
모과나무 연분홍 꽃들이 뚝뚝 떨어진다
헤라클레이토스 화살에 맞은 태양 아래
각 나라 원수들이 똑같은 옷을 입고
신문 더미에서 웃는 사진을 본다

콜렉터

나비를 수집하는 광이다 그는, 일주일 내내 나비를 잡으러 가는 계획을 세우고 주말이면 산골짜기에 가서 나비를 잡아 냉동실에 넣어 박제를 만들어 보관한다 자연도감에 나오는 나비를 모두 정복하면 그때 가서야 장가를 간다고, 참 이상한 취미, 점쟁이가 나비를 잡아야만 장가를 갈 수 있다고, 나비들은 그리 흔하지 않아, 공기가 든 비닐봉지 속에서 나비들은 둥실둥실 과자처럼 움직였다 나비들은 실제로 그리 흔하지가 않아, 나비구신, 국내 유명한 모 박사가 나비넥타이를 매고 게스트로 출연하는 티브이 프로는 끝까지 못 본다고, 나비를 잡으러 가고 싶어서 참을 수 없기 때문, 방에 나비들이 가득 차 빨리 장가를 갈 수 있었으면, 냉장고 속에는 나비들로 꽉 차 다시 새로운 냉장고를 구입하고, 새 냉장고 속에 들어갈 나비를 잡지 못해 같은 종의 나비를 잡기 시작한 지 삼 년이 흘러, 베란다에 풀어 놓은 나비들 번데기들, 번데기가 된 사내 나비가 된 사내, 저기 장의차 지나간다

달

저기, 어머니 양산을 접어 들고 해
넘어간 새마을 길을 걸어오시네
저기, 그대가 저녁을 머리에 이고
어둑한 나무 밑을 지날 때 발걸음이 빨라지네
일방통행을 무시한 승용차와 마을버스가 만났을 때
그대, 눈을 가리고 인도의 좁은 모퉁이로 걸어오네
대문을 열어 두고 그대를 기다리네

목련 꼬투리들이 무리 지어 은유처럼 불을 들고 걸어오네
달맞이꽃들이 여기 저기 무너지네
강가에 선 미루나무가 부표처럼 몸을 떨고
허연 얼굴의 그대가 강물에 빠져 몸을 씻네
어머니, 미루나무 밑에서 구멍 난 세월을 헹구고 계시네

나리

꽃을 안고 자는 여자 꽃을 그리는 여자 꽃을 쓰는 여자 꽃을 꽂는 여자 꽃을 꺾는 여자,

나리꽃을 머리에 이고 가는 두 여인 새를 머리에 이고 가는 두 여인 염소를 끌고 가는 두 여인,

여자들과 여인들이 아이를 업고 강을 건너는 사이사이 나리꽃이 만발한 꽃밭에서 꽃잎을 따는 남자,

밀구에 난 털을 밀고 꽃 밖으로 나온 암술을 비비며 벌떼들이 산의 허리를 넘어 집으로 이동하고 있다 붉은 빛으로 물든 산천을 노을이 잡고 있는 오류를 나리꽃이라고 쓴다

파일넘버 19940508
— 빨간 카네이션이 없다

없다, 없었다 아무도 없었다 전화도 없었고 아버지의 방을 기웃거리는 오후의 햇살이 선인장의 몸에 빨갛게 스며들었다 그림처럼 선인장은 화분에서 햇살을 빨고 있다 방안에 있는 모든 코드를 꽂고 커피 주전자에 물을 붓고 스위치를 올린다 움직인다 모든 것이 움직인다 움직일 수 있는 것은 모두, 보일러의 급탕을 누르고 수도꼭지를 열어 더운물을 받고 변기에 고여 있는 물을 빼 버린다 창문에 모여 있는 햇살이 움직인다 나무들이 움직인다 산이 커지고 산이 작아진다 산에 사는 흙이 움직인다

티브이 냉장고 시계가 움직이고
가스레인지 위 유리 포트 안에서 물방울이 터진다
형광등이 흔들리고 난 화분, 화분 하나가 움직인다
세탁기 전화기 환풍기가 움직인다
모빌이 흔들리고 볼펜이 움직인다
아버지는 없다 있지 않다 지금 이곳에 있지 않을 뿐이다
이제 안 올지도 모른다 오지 않을 것이 분명해진다

세계가 움직인다 커피 잔이 신문이 움직인다
파란 방충망이 눈부시게 움직인다
하루살이가 움직이고 방안에 들어앉은 햇살이 움직인다
아버지의 방에는 햇살이 그득 넘쳤다
아버지는 없고 오지 않았고 전화마저도 없었다
햇살이 다 떨어져 나간 자리
빈 꽃병에 어둠을 꽂는다

회항

1

대관령 비탈 감자밭을 오월의 달빛처럼 순결처럼 오른다

2

토끼가 마당 안에서 시계꽃을 먹고 있다 아버지는 바람 빠진 자전거를 타고 집을 나섰다 어머니 시계를 안고 밥을 푸고 계신다

3

눈발이 발을 잡았다 또 손을 놓았다 아우는 액자 속에서 자유처럼 웃었다 어둠이 구멍 속으로 사라지고 운명이 우리들의 시간을 바위로 덮었다 불편한 진실이 모자를 쓰고 어두운 도시를 떠돌고 은박지처럼 얄팍해진 사랑을 거두어들인다

4

내장을 비우고 체온계를 입에 물고 냉장고 속으로 들어간 새는 울지 않았다 당신은 새를 머리에 이고 어두운 색조의 도시를 출근한다

5

피로 물들인 검붉은 바다, 검은 대륙 아프리카를 꿈꾸며 고래를 기다리는 순이, 검은 치마폭이 바람에 날린다 검은 고래가 치마 속으로 들어간다

6

산의 정상에 소파를 들고 올라갔다 손바닥 안에는 뿌리들이 자라고 나무는 손등에서 꽃처럼 피어났다 가지치기를 시작했다 정상에는 태양처럼 웃고 있는 사내만 있었다 바람이 북쪽으로 불었다 종일 소파에 앉아 졸고 있는 사내의 지팡이는 점점 짧아지고 꽃의 몸통이 하루에 열 자씩 자랐다

신 구운몽

촛불을 누가 켰을까
부러진 우산을 펼쳐 놓고 신림에서 잠들었다
나를 재촉하는 늘어진 시계 바늘
끝없이 꿈을 뒤척인다
나는 구름 속에 들어가 나오지 않는다

저 촛불 속에 들어가 아집이 된다 강물이 된다
　저 꽃 속에 들어가 번데기가 된다 나비가 된다
　저 꿈속에 들어가 절망을 지우고 그림자가 된다
저 우리 속에 들어가 우울한 씨를 뿌리고 바람이 된다
　저 자궁 속으로 들어가 꽃이 된다 꽃씨가 된다
　저 미궁 속으로 들어가 알이 된다
　저 심장 속으로 들어가 하나의 모순이 된다
저 빈 들 저 빈집에 들어가 토마토가 된다 상자가 된다

매화

매실 한 알 그릇 속에 풍덩 빠져 당신의 온몸에 퍼져
그릇에 퍼진 매화를 따라 산천을 헤매다
상처를 박음질했습니다
당신은 화양연화를 보고
나는 앙코르와트로 떠납니다
당신은 지천에 깔려 있는 꽃잎을 따고
나는 압살라들과 밤새도록 춤을 추고
당신은 달 속으로 걸어가는 거미를 따라가고
나는 전쟁터를 지원했습니다
당신은 두레박을 던지고 나는 집을 지었습니다
당신은 마인드맵을 그리고 나는 로드맵을 샀습니다
당신은 촛불을 준비하고 나는 형편없는 식사를
준비했습니다
전에 어디선가 한번 보았을까
이중생활이 시작되었습니다
처음처럼 그 안에서 흔들리다
처음처럼 그 안에서 죽겠습니다

여행, 시차 속에서

느린 태양과 온도, 적도와 인접한 곳에서 바람의 순도를 즐기며 어부가 고기를 건져 올린다 카탈루냐 사람들이 가우디 집으로 들어간다 말린 미역과 해안에서 밀려온 조개껍질들과 파도가 파사드에 박혀 있다 달팽이를 타고 옥상으로 오른다 무서운 태양이 별들을 녹인다 별들이 갑옷을 입고 전쟁을 시작했다 무수한 숫자와 기호들 앞에서 발이 묶여 타피에스가 만든 의자에서 잠들었다

저 멀리, 구름이 폭풍처럼 비바람을 몰고 이파리 무성한 나무들의 속살을 헤집는다 마지막 별자리를 궁금해 하는 당신의 손을 잡고 시간을 계산하면서 떠난 그날의 여행처럼, 버밍엄에서 셰익스피어 고향으로 가는 기차표에 역무원이 구멍을 뚫었다 그의 집에는 아버지가 만들던 장갑 공장이 그대로 있었고 온 마을 사람들은 셰익스피어로 돈을 벌고 밥을 먹고 살고 있었다 숲을 지나 런던으로 가는 기차는 자리가 많이 비어 있었고 엽서처럼 한적했다 이곳을 오가며 셰익스피어는 세계 대문호를 꿈꾸었을까

세상 꽃잎으로 물들인 천연색 꽃무늬 치마를 입고 귀걸이를 하고 나무 그늘 아래서 바람을 펼쳐 놓고 땅콩을 팔고 있는 정갈한 감비아 여자, 여자의 검은 피부로 태양이 쏟아지고 발가락 사이로 황토 먼지가 쌓인다 쿤타 킨테 조상의 눈빛을 가진 그 명암, 멀리서 소 방울 소리가 역사를 불러 모으고 심미란 선교사가 졸라족 아이들에게 글을 가르치고 있다 까막눈 아이들이 신세계를 발견하고 나염을 배우고 대지 위에 씨앗을 뿌리고 있다 성경의 글자 하나하나 문장 하나하나를 졸라어로 번역한 친구의 영혼이 신을 닮았다 여행지에서 만져 보고 모아 둔 바람과 태양과 찻잔과 장소와 사람들,

앙코르와트에서 사롱 치마를 사지 못했다

앙코르와트에는 사롱 치마가 없었다 아이들은 신발도 없었고 머리빗도 없었고 비누도 없었다 그들이 가지고 있는 것은 웃음, 아이들이 알고 있는 단어는 원 달러뿐이었고 아이들이 할 수 있는 행동은 손을 내미는 것과 움푹 파인 눈으로 나를 뚫어져라 쳐다보는 것뿐이었다 그들이 할 수 있는 것은 물고기를 잡거나 짐수레를 나르거나 오토바이를 타고 사람을 나르거나 뚝뚝을 운전하거나 해먹에서 자는 것, 그들에게는 황토 먼지가 익숙해져 있었고 태양도 그렇게 뜨겁지 않았다 톤레샵 호수에서 그들은 물을 긷고, 목욕을 하고 오물을 버렸다 메콩강은 황토를 나르고 나무들은 물속에서 자랐다 호수 위에 집을 짓고 그들은 아이들의 탯줄을 버리고 그 물을 먹고 또 아이들은 죽어 가고 있었다 파리들은 더 이상 앉을 곳이 없었고 도마뱀이 천장을 기어 다녔다 전기는 들어오지 않고 가로등도 신호등도 없고 볍씨를 뿌려 거두어들인 쌀로 시장에서 쌀국수를 사 먹었다 단백질의 근원지인 논에서 손으로 고기를 건져 올렸다 야자수는 유일한 일용할 식수였다 집 앞에 있는 큰 항아리들이 우물이었고 빗물을 받아 밥을 짓고 옷을 빨아 널었다 거의 옷이 없었고 아이들은 아랫도리만 입고 맨발로 다녔다 그들은 당신들이 준 원 달러는 나라를 망친다는 표어를 내걸었다 그러나 나무 뒤에 숨어 있던 아이들이 외치는 원 달러는 거의 리듬이 없었고 그들은 깨진 언어를 쓰고 있었고 야자열매 바가지로 무엇이든 손으로 만들어 팔았다 통곡의 문에서 가슴을 치며 울고 있는 백성들 나라 전체가 킬링필드, 공장도 없고 주인 없는 나라 지폐를 찍어 내는 비용이 더 드는 나라, 아이들이 줄지어 자전거를 타고 학교로 갔다 이제 아이들이 언어를 구사하고 셈과 수학이 반드시 그 나라를 끌고 가야 할 것이다 태양이 물밑으로 가라앉듯이

국곡리 151번지에 사는 부친

바코드 67165-01001054 일직
소포명 산나물
이 봄, 그냥 시다 눈부시다

국곡리 산 151번지에서
어머니 정태순 여사 치마폭에 안겨 있던
미역취 까막발 며느리취 곰취 잔대 개미취
쪽박나물 참나물
일기장에서 강물이 된다

경매

나무에 매달린 뜨거운 심장을 땄다 나무 밑에서 심장을 주웠다 벌들이 심장의 즙을 빨았다 썩은 심장들이 나무 밑에서 뒹굴었다 개망초들이 심장을 밟고 지나간다 썩은 심장을 도려냈다 마당에 솥을 걸고 베어 낸 심장을 삶았다 너구리들이 밤마다 몰려와 심장을 먹었다 개들은 별을 지켰다

농산물공판장에서 55번 모자를 쓴 경매사가 상자를 열고 천도복숭아를 견본처럼 덥석 문다 손가락 사이로 칠월이 빠져나가고 암호들 사이로 부친의 눈빛이 경매된다 눈을 감고 젖은 두 손으로 얼굴을 문지르는 부친, 사방팔방 제멋대로인 주름살의 방향이 동서남북으로 교차하고 있다

거미가 집을 짓는 동안

삼악산 하산 길에서 바위에 기둥을 박고 집을 짓는 거미, 초고속으로 끝없이 비단실 풀어 튼튼한 기초공사, 먹이 건지기, 포위망을 설치했다 옥수수 하나를 먹는 동안 집짓기를 끝냈다 집을 저렇게 빨리 지을 줄이야, 집은 기하학적이고 아름답고 섬세하다

집짓기를 끝내고 바위 구멍으로 들어간 거미, 보이지 않는 길을 만들어 놓고 먹이가 포착되기를 기다리는 동안 바위 구멍 입구에서 흘러가는 구름을 쫓던 거미, 줄을 타고 용수철처럼 달려와 먹이를 낚아챈다 천둥이 친다 거미는 줄에 매달려 공중곡예를 한다 커다란 나비를 점액질로 싸서 매달아 놓고 쏜살같이 한걸음에 집으로 돌아간다 바람에도 쓰러지지 않는 집, 집이 부풀대로 부풀었다 다시 원위치로 돌아간다 거미의 아름다운 집으로 빗방울 새 나간다 하산하는 길이 묘연하다 스파이더맨 길을 잃었다

여섯 개의 시계가 있는 방

창문 없는 밀실 같은 사각의 방을 외출했다

내 생에 가장 추웠던 날 THE COLDEST DAYS OF MY LIFE

사월의 눈동자를 가진 소녀와 THE GIRL WITH APRIL IN HER EYES

벽의 늙은 암호들과 기차를 탔다 THE WALL

논리적인 변환과 순수 형식의 이름으로 찾는 보는 듣는 읽는 쓰는 방법의 모색, 챠이 라이츠와 크리스 디 버그, 핑크 플로이드의 텅 빈 눈 우울한 혓바닥을 혼돈처럼 빨아 당겼다 어느 날 결별이 치열하게 다가오고 문장은 궤변으로 변해 가고 不惑불혹이라니, 너에게 꽃이라고 쓴다 하늘을 메운 별들의 기호들이 거미줄처럼 나를 포박했다 결벽증에 걸려 며칠을 불감하면서 술렁거렸다 배터리를 갈아 끼우고 송수신을 연결했다 어설픈 통화, 얼버무리듯 불혹을 맞았다 시계의 123456789101112 숫자가 여기저기 서서 망치를 휘두르며 명령한다 바람이 집을 통째로 흔들었다 머리통이 쑤신다 벽은 무너졌다 병 속에 노란 꽃은 심장이 부서졌다 등불은 꺼지고 불감증은 다시 시작되고 꿈꾸는 밤이 너무 일찍 찾아든다

블랙홀

빨랫줄 위를 개가 걸어가고 있다
적색 항아리 안에서 흰색의 튤립이 핀다
항아리 곁에 누워 있던 고양이가
사내의 바짓가랑이 사이로 들어간다
몽몽몽 머리가 아프다
난 화분이 투신했다
적막하다

보름달이 지옥까지 따라왔다
사랑은 두서없이
오류와 번민 속에서 미궁으로 빠져나갔다
옷을 벗는다 춥다 열이 식었다
혈관을 자극하는 저 물 떨어지는 소리
냄비를 데우자
난 뿌리가 질서 없이 방안에 쑤셔 박혔다
냄비 안에 폭설이 내렸다
도림천의 물은 말라 있었다

낮달이 어깨를 부딪치며 기약도 없이
순환선을 번갈아 타면서 개찰구를 빠져나갔다

플라멩고

바르셀로나 모네갈 호텔 앞 카탈루냐 광장에서
비둘기들과 해가 떨어지기를 기다리다 지쳐
따블라오 꼬르도베스 극장에서
신들의 운명을 본다
집시의 피가 흐르는 남자의 눈빛과 허스키한 목소리
뜨거운 바람, 땀과 구둣발 구르는 소리
레이스 달린 물방울무늬 원피스가 파도처럼 출렁거린다
댄서가 온몸으로 울부짖으며
마룻바닥을 두드리고 있다
댄서의 머리 위에 비둘기들이 집을 짓고
안달루시아 집시들이 대이동을 시작했다
지중해의 뜨거운 태양을 동굴로 불러들이던 그 남자,
지금도 슬픈 박자의 구둣발 소리가 가슴을 구르고 있다

광화문에서 한강대교를 지나 상도동까지

시나브로 가을 2003년 11월의 첫째 일요일, 시위대들이 빠져나간 시청 앞 광장에는 검은색 근조 리본들이 황금색 은행잎들과 나뒹군다 플라자호텔 커피숍에서 사람들이 커피를 마시며 광장을 구경하고 있다 시청역 지하도 광고판에서 김중만이 카메라 앵글을 맞춘다 노숙자들이 나뒹굴었다 신세계백화점에는 연말 트리 장식 불빛이 흔들렸다 롯데백화점은 문을 닫았다 남대문에 핀 무궁화 꽃씨들이 하늘에 퍼졌다 여의도 쌍둥이빌딩 불빛이 점자책처럼 모자이크되어 한강에 떨어졌다 철교에 설치한 조명이 한강에 빠졌다 제1한강교는 도색 작업 중이다 내 삶도 아직 도색 중이다 서울역도 공사 중이고 노량진역 앞도 지하철 공사 중이다 서울은 아직 공사 중이다 상도동 성대시장 입구에서 내린다

시나브로 담 밖으로 떨어진 단풍잎들 고양이가 사뿐사뿐 밟고 골목으로 사라진다 문을 따고 방으로 들어갔다 흑백사진의 근엄한 카프카가 툭 떨어진다

배꽃 지다

자작나무 그늘 속 햇빛 무리들 어둠의 무게를 달고 있다

회로마다 불확실성의 시대가 다가올 예감이다 배꽃이 마당을 덮었을 때 이제, 할머니 숲을 떠나 배꽃 밟고 사각형의 방에 누워 있다 노을이 숲속에 불을 떨구고 우리들은 저음이 된다

소통할 수 없는 시간 속에서
긴 하산, 또 다른 회로로 무너진다
산목련 지는
정말 산목련 지는 소리가 선명한 저녁이었지요
아주 오래된 기분 같은 일과가 있었지요
그래도 가끔 후회는 했던 것 같아요
숲속을 떠나올 때는 뜨거운 발걸음을 옮겨야 했지요

저음의 발소리 그리움 치솟아 비 오는 밤
망초꽃도 꺾이었을 그 강에 누가 살고 있을까
아니 자작나무에 꽃이 필까
자작나무 숲에 누워 있던 몽상이 일어나 자작자작 걷는
다 꽃은 언제 필까 자작나무가 서 있는 묘비명

소와 아이

먼 산,

집에서 가장 먼 밭,

할아버지 할머니 일하는 복수아재 순자언니 고구마 순 꺾어 머리에 이고 황토밭에 순 놓으러 갔지요 구름이 검은 구름이 산 밑으로 내려와 갑자기 산속은 캄캄해졌지요 할아버지는 서둘러 쟁기를 나무 밑으로 모아 놓고 집으로 모두 내려가자고 했지요 갑자기 굵은 빗방울이 한 개 두 개 툭툭 팔뚝에 떨어지더니 점점 속도는 빨라지고 빗물은 팔뚝으로 미끄러져 내렸지요 할아버지는 소뿔에 고삐를 감고 소를 앞세우고 뛰기 시작했지요 소가 뛰고 메뚜기가 뛰고 개구리가 뛰고 나도 뛰고 할아버지는 베적삼을 벗고 뛰고 할머니는 다라이를 머리에 이고 뛰고 복수아재 빈 지게만 지고 뛰고 순자언니 손에 찔레를 들고 젖가슴을 덜렁거리며 뛰던 그런 오후가 있었지요 할머니의 살구만 한 쪼끄만 가슴이 치마단 속에 들어가고 순자 언니 꽃무늬 블라우스가 가슴에 착 달라붙었던 기억, 할머니 조용히 비녀를 풀고 머리를 동여매던 손, 나는 우산만 한 오동나무 잎사귀를 머리에 쓰고 뛰었던 그런 축축한 기억이 있지요 산에서 내려와 동네가 보였을 때는 양동이로 들이 붓듯 비가 퍼부었지요 그렇게 숨 가쁘게 뛰었던 기억, 모든 식구들이 옷을 갈아입고 꿀맛처럼 한숨 자는 그런 오후, 빗소리가 귓속으로 잠기던 유년의 수렴과 발산, 고구마를 먹을 때쯤이면, 시장에 빨간 고구마를 내놓고 팔고 있는 할머니를 보면 그날의 오후가 비가 소가 뛰고 있습니다

접근 방식

골목에서 부딪히며 우리는 나누어 가졌다 좁게 트인 공간을 열쇠를 나눠 가지고 각자 문을 열고 닫았다 침대를 같이 쓰고 점점 생략하는 일들이 많아지고 같은 거울 속에 얼굴을 집어넣었다 거울 속에는 매일 표정이 다른 서로가 인화되었다 은밀한 고통은 점점 늘어났다 바람이 불거나 더운 날에는 창문을 열었다 카타콤 같은 방에서 비가 오는 날에는 비디오를 보았다 무념의 날들이 구름처럼 흐르고 포기하는 일들도 많아지고 위험에 빠진 가족들의 전화를 무시했다 요리를 생략하고 때로는 지루하고 늘어지는 문장으로, 때로는 건조하고 차가운 음악으로 전이되었다 고양이들이 섹스를 하고 새끼를 문 앞에 놓고 갔다 미역국에 밥을 말아 먹였다 간밤에 어미가 새끼들을 데리고 갔다 더 이상 고양이들은 오지 않았다 나는 집안의 일상적 배경에서 영감을 찾았다

한 통의 편지

달 속에 누워 달을 먹었다
달 안에 누워 또 다른 달을 땄다
별들을 낚시했다
구부린 달 속에 몸을 풀었다

또 다른 달, 허리를 구부리고 달 안에 떠 있다

달 밖, 캄캄한 구름이 휘젓고 지나간다

바람이 불 때마다 머리카락이 자랐다
달 안에 갇혀 달을 들고 잠들었다
개미들이 달려들었다
찢어진 우산을 쓰고 뛰었다
달 안에 홍수가 났다
미친 듯이 헤엄쳤다
달 밖으로 떨어졌다

어성전의 봄

적송과 잡목이 어울려, 몇 겹의 산봉우리가 되고
마루 끝에 서서
잘 보이는 앞산부터 산의 허리를 센다
겨울 내내 쌓여 있던 눈이 아래 마을부터 녹기 시작하여
산 밑에 있는 기와집 근처 응달까지 길어진 해 그림자가
봄을,
마당까지 실어 나른다
서서 말라 버린 국화 밭에도 햇살이 옮겨 다니면서
겨울의 냄새를 말린다
겨울 내내 눈 속에 파묻혀 있던 국화 밭이
밭고랑을 드러내고

강이 얼 때부터 녹기 시작할 때까지 마을은 고요하다
나는 고요하다
고요가 고혹적이라고 표현하고 싶다
봄,
강이 뚜껑을 열고

고기들이 알을 까고 돌 밑에 집을 만들 것이다
산을 끼고 도는 어성전의 강, 강물의 흐름이 좋고
조용하여 고기들이 많이 사는 강,
사람들은 이 마을을 어성전漁盛田*이라 한다
바다가 바다 사람들의 밭이라면 강은 고기들의 밭이다
아침 안개가 지나갈 때는
이곳 마을 사람들의 옷에서 강 냄새가 난다
가끔씩 마을은 안개에 푹 잠겨 있고
새벽, 닭이 한집 한집에서 울기 시작해
온 동네는 조그만 소리들로 하루가 시작된다
방문을 열면 안개가 먼저 들어온다
햇살이 온 마을에 퍼지면 나는 마음을 서두른다
봄, 햇살이 동반하는 이 나른한 계절은
앉아 있기도 불안하다
겨울 내내 쉬고 있던 농기구들이 하품을 하고
아버지는 먼 산에서 해 온 물푸레나무 자루를 다듬어

* 강원도 양양군 현북면 어성전리 마을

건너 마을에 쟁기를 벼르러 간다

아버지는 조율사처럼

호미 자루며 도끼 자루 괭이자루를 다시 갈아 끼운다

농기구들은 아버지의 건반이 되어 사계가 시작된다

나는, 슬그머니 강으로 나가 본다

강은 아직 고요하다

강은 누가 먼저 알을 낳았다고 소리치지 않는다

해설·시인의 말

액자는 있고 그림은 없다

안지영 (문학평론가)

누군가와 투명하게 소통할 수 없다는 사실에 한 번쯤 실망을 느껴 보지 않는 사람이 있을까. 더구나 그 누군가가 내가 사랑하는 누군가라면 그에 대한 감정의 강도는 더 심할 것이다. 소통이라는 것은 당연하게도 언어라는 매개를 필연적으로 요구하기에 주체가 원하는 바를 있는 그대로 전달하기란 불가능하다. 말은 이미 기존에 그것을 형성해 온 맥락들에 의해 오염되어 있는 까닭이다. 이는 시도 예외가 아니다. 시에서 말하는 자의 위치에 있는 자로서의 화자는 실제 발화자인 시인의 가면을 쓴 자(persona)로 일컬어진다. 헌데, 발화를 통해 언술에 참여하는 발화행위의 주체로서의 시인은 대명사 '나'로 문장 안에서 활동하는 발화내용의 주체와 분열되어 있다. 그러니까 시인은 결코 진공상태에서 발화하는 것이 아니다. 라캉이 정의한 바와 같이, 주체는 언어의 효과 이상일 수 없는 까닭이다.

이은옥의 첫 번째 시집 『나에게는 천 개의 서랍이 있다』에서는 대상의 투명성을 둘러싸고 벌어지는 주체와 세계 간의 세력 다툼이 벌어진다. 이은옥의 시적 주체는 이 세계가 말을 점점 불투명하게 만들고 있음에 저항한다. 가면을 쓰고 발화할 수밖에 없다는 것은 인정하더라도, 그 가면의 개수가 무한을 암시하는 천 개에 가깝게 이르렀을 때의 피로에 그녀는 그만 진저리를 친다. 비단 언어뿐만이 아니다. 시인이 지향하는 삶과 실제로 그녀가 살아 내야 하는 삶 간의 간극이 회복하기 어려울 정도로 벌어졌을 때, 그 이중생활을 감내해야 하는 것 역시 감당하기 어려운 사건이 된다. 그것은 일상의 속도의 문제이기도 하다. '다람쥐 쳇바퀴 굴러가듯'이라는 일상에 대한 수식어는 옛말이 되었다. 속도를 따라잡기가 버거우리만치 고속으로 돌아가는 쳇바퀴 위를 달려야 하는 이들의 영혼은 부지불식간에 불안에 잠식된다.

일상의 상투성에서 벗어나 비상하고픈 불안과 동시에 거기에서 벗어날 길이 보이지 않는다는 절망이 만나 안개가 내려앉는다. 투명성을 갈망하면서도 전망이 보이지 않는 어딘가를 향해 끊임없이 발길을 옮기고 있다는 점에서 이은옥의 시는 분열적이다. 시인은 속도를 갈망하면서도 거부하고 정지를 추구하면서도 그에 대한 권태를 느낀다. 투명한 소통을 원하지만 동시에 그것이 불가능하다는 사실을 너무나 잘 알고 있고, 불가피한 이중생활을 무리 없이 소화해 내면서 어느 순간 자신의 삶 자체가 인위적으로 느껴지는 데서 느껴지는 비애에 예민하게 반응한다. 가령 오래된 고향 친구와 "아직도 투명성이 없는,/답도 없는 전투적인 얘기들을 나누며"(「오랜만에, 아주 오랫동안」) 시인은 이제는 오지 않을 과거를 회상한다. 해서 이은옥에게 기억한다는 것은 '울렁거리는' 일로 그려진다. 몸과 기억의 속도차가 멀미를 불러오는 것이다.

첫눈처럼 첫 글자와 이별을 의미하는 마지막이라는 글자

아름답고도 아름다운 연애 스토리와 키노트 스피치를 잘하는 연사와 상숙, 순이와 영자와 정연, 영숙이 미란이 금란이 종화와 선희, 미선, 국희와 영래, 영인, 명희와 성례, 성희, 정기, 매년 꽃피는 채송화처럼 오래오래 울렁거리네,

—「울렁거리는 것들1」 부분

집은 비어 있고 액자 속의 웃는 얼굴들은 왜, 오지 않는가
햇살이 기울어진다 검정개는 무엇을 찾는가
잡풀 더미 속에 검정개 밥그릇 바짝 말라 있다
아궁이도 식은 지 오래,
벽에서 소리 없이 진흙이 흘러내린다
다들, 어디로 갔을까
검정개는 무얼 기다리는 것일까

—「검정개」 부분

이은옥의 시집 전반에는 사진을 찍듯이 어떠한 순간을 프레임으로 포착하고자 하는 욕망과 더불어, 그렇게 해서 포착된 이미지에 대한 울렁임이 두드러진다. 이 울렁임은 불가항력적인 특정 힘에 반응하는 온몸의 감각이다. 주체가 원하는 프레임에 이미지를 포착하는 데는 성공했지만 다시는 그 순간으로 돌아갈 수 없다는 사실이 상기시키는 사고의 관성을 주체의 몸은 거부하고 있다. 어떡해서든 기억을 좁은 시공간에 가두려고 하는 강박은 그만큼 그녀가 시간의 비가역성에 고통 받고 있다는 증표이기도 하다. 「울렁거리는 것들1」에 나열된 고유명사들은 그것이 나열된다는 것 자체로 울렁거림을 불러일으킨다. 채송화처럼 소박하고 어여쁜 이름들……. 하지만 채송화가 매년 같은 꽃을 피우는

것이 아니듯 이들 역시 기억과는 상이한 존재가 되어가고 말 것이다. 이은옥에게는 그에 대한 체질적인 거부감 같은 것이 엿보인다. 다시는 돌아오지 않을 기억처럼, 저 이름들 역시 그러하리라는 예감에 그녀는 균형을 잃고 기우뚱한다.

가족에 대한 기억 역시 울렁임을 빗겨 가지 않는다. 기억을 작동하게 하는 매개로서의 사진은 고유명사가 그러하듯, 즉물성의 상징이다. 시인은 사진 속 이미지를 확인하면서 당시의 기억이 생생하게 작동하기를 기대한다. 하지만 그 자신에게조차 '액자 속의 웃는 얼굴'은 도무지 도래할 기미가 없다. 적어도 이은옥에게 사진은 잃어버린 시간을 찾아내게 하는, 프루스트의 마들렌 같은 존재는 아닌 모양이다. 시인은 이렇게나 슬프게 되뇐다. "유년을 그대로 옮겨 놓은 액자는 꿈속에서만 가능한 일이다."(「꿈속의 책상」) 그리하여 "백 년의 풍경 같은 오래된 세월, 흑백에 묻"(「그들의 기억」)으며 기억은 점점 바래 간다. 과거는 형체를 잃고 서글프게 흘러내리다 가끔 꿈속에서나 출몰하는 야속한 존재다. 그런데도 검정개는 이 폐허의 시간 속에서 무엇을 기다리는 것일까. 떠나간 가족들의 안부보다 궁금증을 불러 오는 것은 검정개의 배회다. 그는 무엇이 두려워 그 자리를 떠나지 못하고 있는가. 시인은 검정개를 보며 기억에서 무엇을 꺼내고 싶어 하는가.

사진은 일상을 바라보는 시각 자체를 재구성하게 함으로써 일상의 상투성으로부터 벗어나게 해준다. 그저 그렇게 흘러가는 줄만 알았던 일상이 특정 프레임에 포착될 수 있다는 잠재적 가능성이 열림으로써 잉여의 의미가 포화되어 있는 시공간으로 전환된다. 벤야민의 말대로 눈에 비치는 자연과 카메라에 비치는 자연은 확연히 다른 것이다. 카메라를 통해 비로소 사람들은 그 전에는 인지하지 못했던 시각적 무의식의 영역을 인식하게 되었다. 기억은 부재와 관계를 맺는다. 사진이 의미를 지니는 것은 그 이미지가 결코 표현하지 못하는 부재를 상기시키기 때문이다. 그러니까 사진은 그 자체로 과거에 대한 애도의 표현이다. 사진에 포착된 부재는 일상을 파편으로 나눈다. 삶이 시간의 연속이 아니라 순간들의 파편들을 이어 붙인 것에 불과함을 사진에 담긴 이미지를 통해 알 수 있다. 하지만 동시에 사진을 찍는다는 것은 불연속적인 순간들에 이름을 부여하는 행위이기도 하다. 시간 속에 흘러가 버렸다면 결코 각인되지 않았을 순간들에 이름을 부여함으로써 삶은 인식 가능한 것으로 변화하고 그것은 삶에 대한 '해석'을 가능하게 한다.

이은옥에게 사진에 담긴 일상의 풍경들이 특별하게 다뤄지는 것은 사진을 통해 범상하게 지나칠 법한 일상의 이미지들이 재구성될 수 있기 때문일 게다. 적어도 사진을 통해서는 거리감이 확보되니 말이다. 과연 이은옥의 시에 파편처럼 등장하는 이미지들은 사진 작업의 메커니즘을 닮았다. 그녀는 "단상들의 이미지가 사사로운 삶을 구성하고 단추들이 출구를 찾는 일생의 단 한순간 프레임"(「단초」)이라며 삶의 불연속성을 폭로한다. 그녀의 불안은 이 불연속적 이미지들이 원본이 아닌 복제에 불과하지 않을까, 하는 염려와 연관될지 모른다. 일상의 상투성은 어쩌면 자신의 삶 역시 복제에 대한 불안은 아닌가. 움직임이 있는 것처럼 보이지만 실은 영원히 정지되어 있는 '스노우볼'과 같은 세계에 갇혀 살아가고 있지는 않은가. 냉장고가 가득 차도록 나비를 수집하다 "번데기가 된 사내"(「콜렉터」)에 대한 이야기처럼, 삶을 수집하기 위해 동분서주하다가 어느덧 죽음이 닥친다면 어찌해야 하는가. 다시금 검은 개의 그림자가 어린다.

> 나무에 매달린 뜨거운 심장을 땄다 나무 밑에서 심장을 주웠다 벌들이 심장의 즙을 빨았다 썩은 심장들이 나무 밑에서 뒹굴었다 개망초들이 심장을

밟고 지나간다 썩은 심장을 도려냈다 마당에 솥을 걸고 베어 낸 심장을 삶았다 너구리들이 밤마다 몰려와 심장을 먹었다 개들은 별을 지켰다

농산물공판장에서 55번 모자를 쓴 경매사가 상자를 열고 천도복숭아를 견본처럼 덥석 문다 손가락 사이로 칠월이 빠져나가고 암호들 사이로 부친의 눈빛이 경매된다 눈을 감고 젖은 두 손으로 얼굴을 문지르는 부친, 사방팔방 제멋대로인 주름살의 방향이 동서남북으로 교차하고 있다

—「경매」 전문

이 시에는 두 개의 장면이 몽타주로 이어 붙여져 있다. 모호했던 첫 장면은 두 번째 장면과의 병치를 통해 이미지가 분명해진다. 1연의 뜨거운 심장은 아마도 아버지가 경매에서 판매하고 있는 복숭아일 것이다. 복숭아를 따거나 떨어진 복숭아를 줍는 아버지의 모습, 달짝지근한 복숭아 향내가 풍기는 근처를 윙윙대며 날아다니는 벌들과 여전히 나무 밑을 뒹굴고 있을 복숭아의 나태한 모습 같은 것이 스크린 위를 흘러간다. 그런데 복숭아는 왜 심장에 비유되는가. 이는 2행에서 경매장에서 팔려 나가는 복숭아와 묘한 대조를 이룬다. "손가락 사이로" 빠져나가는 칠월의 시간과 "부친"의 "젖은 두 손"과 "사방팔방 제멋대로" 뻗어 나가는 주름살 같은 것들이 숨 가쁘다. 이것은 오려 붙일 수 있는 기억이 아니다. 불연속적으로 뒹굴던 이미지들의 조각들이 시인이 포착해 낸 감각적 유사성으로 뭉쳐질 때, 그것은 원본으로서의 현실 그 자체가 드러내지 못했던 꿈의 이미지를 구성해 낸다.

이로써 시간과 기억, 사물과 이미지의 관계는 역전될 수 있다. 사진은 단순히 원본의 복제, 모사, 재현에 그치지 않는다. 그것은 현실에 대한 번역으로서 원작이 내포하고 있는 의미 이상의 것이 존재함을 보여

준다. 삶이 그 자체로 완벽하지 않으며 그 안에 번역되어야만 하는 무언가가 내재해 있음을 우리는 예술을 통해 알 수 있는 것이다. 원본으로서의 삶이 있고 나서야 그것의 모사로서의 예술이 있다는 주장은 삶에 내재한 결함을 외면한다. 불충분한 삶을 보충하기 위해 예술은 필요하다. 그렇다, 예술은 삶에 대해 선험적 필연성을 지닌다. 프랑코 베라르디에 따르면, "시는 규정되지 않은 것의 다시 열림이며, 단어들의 기존 의미를 초과하는 아이러니한 행위이다."(『봉기』, 유충현 옮김, 갈무리, 2012, 163쪽) 시는 현실의 복제, 모사, 재현에 그치지 않으며 현실을, 그리고 언어를 더 완전하게 만들기 위해 필연적으로 요청된다. 시가 기존의 의미를 초과할 수 있는 것은 삶에 의해 시가 창작되는 것이 아니라, 시를 통해 비로소 탄생되는 삶의 영역이 있다는 것과 관련된다. 이는 이은옥이 말을 가지고 이토록 분투하는 까닭을 설명해 주기에 충분하지 않은가.

이번 시집의 부제들이 모두 인상 깊지만 그중에서도 3부 부제가 유독 눈에 밟히는 것은 이 때문이리라. 그러니까 3부의 부제 "틈으로 갈라진 경계마다 기호들이 난립하고 변방에서 개인의 질서를 정립하는 방법을 서설하다"는 언어가 처한 위기에 그녀가 반응하고 있음을 말해 준다. 당연히도 이는 언어의 문제에 그치지 않는다. 언어의 문제는 기억의 문제이고 삶의 문제이다. 해서 "아이들이 외치는 원 달러는 거의 리듬이 없었고 그들은 깨진 언어를 쓰고 있"(「앙코르와트에서 사롱 치마를 사지 못했다」)는 상황을 목도하며 시인은 인간의 조건에 대해 묻는다. 깨진 언어를 사용하는 이들의 영혼이 함께 부서지고 있는 것은 비단 킬링필드가 일어난 나라의 이야기만은 아닐 것이다. **"아름다운 꿈과 자유와 평화가 산산조각"**난 세계에서 "불감증이 도래할 전망"(「투명한 중첩 또는 무거움」)이라는 예언은 두려운 것이다. 깨진 말, 깨진 기억, 깨진 삶이 우리의 영혼을 위협한다.

> 나의 아름다운 무늬 또한 얼마나 불안한가
> 긴시간동안허무의숲막연한그리움의전이
> 무너져내리는나의육신과사유의숲에서막연하다
> 자꾸만똑같은꿈들이연속되고죽은자들이꿈속에서나와함께밥을먹고웃는다나는주체할수없는나의굳은무늬들과결별하고싶다그리고일상을털고독안에들고싶다
> 서울의빵과눈물과폭설속에서광화문과종로와명동사이달이뜨고해가뜬다매일,나는누구와도친근할수가없고친근한웃음도먼지도발견할수가볼수가없다낡은사유의산책,
>
> —「나는 얼마나 불안한가 그리고 저,
> 눈 속 자작나무 또한 얼마나 불안한가」 부분

불안에 잠식당한 영혼에게는 휴식이 허락되지 않는다. 허나 불안은 아직은 나의 영혼이 불감증에 잠식당하지 않았다는 증거이기도 해서 언어가 머무를 수 있는 안락한 공간을 제공해 주기도 한다. 불안은 주체가 머물러 있는 자리의 위태로움을 상기시켜 기호들이 난립하는 세계에서 주체가 "개인의 질서"를 성립시켜야 할 필요성을 일깨워 준다. 해서 이은옥의 시가 만들어 낸 아름다운 무늬에는 막연한 불안함이 새겨져 있다. 일상과 결별하고 고독에 잠기고 싶은 마음과 결별할 수 없는 일상의 중력이 불안의 자장을 만들어 내기 때문이다. '깨진 언어'를 사용하지 않으리라는 시인의 의지는 쉴 틈을 아예 없애버린 텍스트의 형태로 드러난다. 언어를 불안에 처하게 함으로써 규정되지 않은 것을 열어 내고 의미의 잉여를 발생시키고자 하는 것이다. 이로서 발생하는

의미의 잉여는 아름다운 빛을 잃어가는 세계에서 시인이 자기 영혼을 수호할 수 있는 방패가 된다.

불안은 허무에 기거한다. 영혼이 깃들만한 안식처를 잃어버렸다는 절망, 그것이 하이데거가 말한 궁핍한 시대의 허무다. 하지만 이은옥에게는 신에게 영혼을 위탁했던 중세로는 돌아가고 싶지 않다는 딜레마가 동시에 엿보인다. 역사의 진보에 멀미를 느끼면서도 그것에 대한 열망을 포기하지 못하는 것은 근대 이후를 살아가는 우리 모두의 공통된 숙명일까. 그녀의 시에서 단편적으로 출몰하는 데카르트의 이름과 중세기에 대한 끔찍한 묘사에서 근대에 대한 여전한 신뢰를 짐작할 수 있다. 그런데 그러면서 시인은 "세상의 부조리에 편승"하고 "빨간 약도 먹고 파란 약도 먹으면서 비상구는 점점 멀어져 갔다"(「나에게는 천 개의 서랍이 있다」)라고 말한다. 주체에 대한 굳건한 믿음 대신 분열적 주체의 출현이 앞서는 장면들에서 우리는 이러한 물음을 제기해 볼 수 있다. 만일 그 비상구가 하나만 존재하는 것이 아니거나 애초에 존재조차 하지 않았다면? 이것은 시인이 제기하고 있는 질문이자 우리가 함께 답을 찾아 나가야 할 물음기도 하다. 그 물음에 대한 단서를 마지막으로 읽어 볼 다음 시에서 찾아볼 수 있을 듯하다.

> 오후, 광화문으로 이동한다 나의 목적지는 어딘가로 사라지고 숙소로 가는 길을 지하철에서 발견한다 점점 쇠약해지는 말들, 엉겅퀴처럼 돋아난 혓바늘, 겨울문턱에서 아이들을 섬강에 두고 왔다 나를 찍어 내리는 저 침묵, 저 보름달, 유년의 바다에서 헤엄치던 말미잘의 슬픈 몸을 본다 브라운관에 뜬 저 아름다운 알들은, 언제 부화하여 물위로 떠오를 것인지
>
> —「다시 섬강에서」 부분

시인은 삶을 창발 시킬 수 있는 언어의 무한한 능력이 박탈당하고 있는 상황의 절박함을 고발한다. 이는 언어에 대한 신뢰에 기반 한다. 벤야민은 언어를 수단이 아니라 매체로 바라본다. 언어가 매체라는 것은 그것이 일종의 그릇이거나 액자라는 것을 의미한다. 그릇이나 액자가 없으면 그 안에 들어갈 내용물이 아무리 귀한 것이라 해도 소용이 없다. 이은옥은 그러한 말의 쇠약해짐을 걱정하며 말이 쇠약해짐으로써 그 안에 든 내용물 역시 텅 비어 버릴 수 있음을 염려한다. 위의 시에서도 끊임없이 어딘가로 이동해야 하는 유목적 삶을 따라 기억을 담아 낼 말은 단단함을 상실하고 침묵은 무겁게 가라앉는다. 쇠약해진 말은 희미해지는 유년의 기억과 맞물려 시의 슬픈 육체를 구현해 낸다. 어쩌면 이은옥은 말들이 삶을 배태해 낼 알이 되어 다시 떠오르기를 기다리며 유년의 기억을 헤집고 있는지도 모르겠다.

기억이 바래 가면서 액자만 남고 그림은 사라져 간다(「액자는 있고 그림이 없는」). 부재한 기억 주변을 서성거리는 검은 개처럼 그녀는 무언가를 기다린다. 허나 이는 오지 않을 것을 기다리는 것이 아니다. 그녀는 기다림을 기다릴 뿐이다. 혹은 기다림의 자세를 기다린다고 말할 수도 있을까. 그녀가 사진을 찍듯이 과거의 기억을 가두거나 삶을 수집하는 것은 결국 자신의 말을 기다림으로서 살아 내기 위함이 아닌가. 부재가 삶을 점령하여 허겁지겁 허무를 메우는 데 급급한 삶을 살아가지 않도록 그녀는 빈 액자를 자신이 살아 낸 말로 채워 내고 있다. 그녀의 시는 텅 빈 액자를 채울 한 장의 이미지이고 싶은 것이리라. 말이 삶을 기억해 내고 삶이 말을 기억해 내어 서로의 결함 혹은 결핍을 채워 나가는 그러한 이미지 말이다. 물론 말이든, 삶이든 그것이 죽음에 이르기 전까지 소멸시키는 것은 불가능하기에 시인은 얼마간은 스카프를 두르듯 불안을 삶에 두르고 살아가야 하리라.

땅속 벌레들도 몽상에 들고 낙엽들도 납작납작 몽상에 들었다. 어느 곳으로든지 나그네라는 이름을 차용하여 겨울에 들어야 한다. 숲속은 여전히 질서정연하게 분주하고 행적을 논하기에는 아직 억울하고 변방에서 서성거리기에는 시간이 다급하고 아직도 두리번거리기만 하기에는 참으로 헛헛하고, 바람의 통로에 서 있기만 하기에는 참으로 그러하거늘, 도를 넘어 경계를 넘어 대륙을 횡단할 수만 있다면, 고래의 뱃속을 채우는 말들이 수학 공식처럼 아주 잘 맞아 떨어지기만 한다면, 거대한 오큘러스의 천사의 날개가 저들에게 위로가 된다면, 이제 책등을 뒤집고 청동거울을 닦는 손을 놓고 추수를 끝낸 사람들처럼 언어의 축제에 합류하리라. 그리고 구름에 기대 그대의 이름을 호명하리라. 저기 멀리 제4부에서 거꾸로 제1부까지 거슬러 올라오면서 오랜 시간의 갭을 이겨 내며 서랍에 간직해 둔 간극이라는 언어를 불러낼 수밖에 없었다.

2017년 늦가을

이은옥

실천시선 254

나에게는 천 개의 서랍이 있다

2017년 12월 22일 1판 1쇄 찍음
2017년 12월 22일 1판 쇄 펴냄

지은이 이은옥
펴낸이 윤한룡
편집 성유빈, 정미라
디자인 한시내
관리·영업 이승순, 박민지
펴낸곳 (주)실천문학
인쇄 한영문화사
등록 10-1221호(1995.10.26)
주소 서울특별시 성북구 보문로 82-3, 801호(보문동 4가, 통광빌딩)
전화 322-2161~5
팩스 322-2166
홈페이지 www.silcheon.com

ISBN 978-89-392-2254-0